AF844421

Dominik Landwehr
Kathrin Moeschlin
Nadia Pettannice
Andreas Schoellhorn
Claudia Sedioli
Claudia Wehrli

Bier in Winterthur

Fritz Schoellhorn und die Brauerei Haldengut
1880–1930

winbib
Erleben – in meiner Bibliothek

Zum Geleit

Michael Künzle

«Ende gut – Haldengut». Der Werbeslogan der Winterthurer Brauerei ist auch über Winterthur hinaus bekannt. Spuren der grossen Winterthurer Brauerei finden sich in unserer Stadt viele: Sie reichen vom heute als Wohngebiet genutzten Brauereiareal über Wirtshausschilder bis in die einzelnen Haushalte hinein, wo in manch einem Schrank noch ein alter Bierhumpen mit dem Haldengut-Rössli auf blauem Grund oder ein Bierdeckel schlummert.

Weniger bekannt ist der Unternehmer, der die Brauerei Ende des 19. Jahrhunderts übernahm, sie durch die bewegten Zeiten vor und nach dem Ersten Weltkrieg steuerte und so mitten im ehemaligen Rebbaugebiet eine Winterthurer Brautradition aufbaute. Fritz Schoellhorn, der langjährige Direktor und spätere Verwaltungsratspräsident, war nicht nur einer der innovativsten Brauereiunternehmer seiner Zeit und ein aufmerksamer Patron. Er war in seinem Herzen – auch ohne Universitätsabschluss – ein Forscher. Unermüdlich arbeitete er an der Verbesserung der Brauprozesse, der Infrastruktur oder der Anstellungsbedingungen seiner Belegschaft. Er publizierte seine technologischen und unternehmerischen Erkenntnisse regelmässig in Fachzeitschriften. Zudem verfasste der unermüdliche Schaffer autobiographische und literarische Texte, die den Alltag der Unternehmerfamilie, aber auch der Mitarbeitenden im Winterthur des beginnenden 20. Jahrhunderts lebendig werden lassen.

Auch im Firmenarchiv ist Fritz Schoellhorns Wirken aussergewöhnlich reichhaltig dokumentiert. Es gelangte dank der Initiative von Andreas Schoellhorn und der finanziellen Unterstützung der Firma Heineken ins Stadtarchiv Winterthur und bildete eine wichtige Quelle für die Entstehung dieses Buches.

Dass am Ende nicht «alles gut» ausging für die Brauerei Haldengut, ist bekannt: In den 1990er-Jahren wurde sie verkauft und der Produktionsstandort nach Chur verlegt. Bier ist aber auch Heimat, und so wuchsen unter anderem als Reaktion auf die Schliessung neue Brauereien heran. Sie kämpften in ihren Anfängen mit ähnlichen Problemen und Herausforderungen wie Fritz Schoellhorn über hundert Jahre zuvor, führen aber die Brautradition in Winterthur weiter.

Ich danke dem Initiator Andreas Schoellhorn und allen Autorinnen und Autoren für diese Publikation.

Michael Künzle, Stadtpräsident Winterthur

Inhaltsverzeichnis

Während Jahrzehnten prägten die Pferdewagen der Brauerei Haldengut das Stadtbild von Winterthur.

Dieses Foto mit Braumeister Bibus von 1904 stammt aus der ersten Blütezeit der Brauerei. Der Patron Fritz Schoellhorn hatte vielen Widrigkeiten zum Trotz aus der Weinregion Winterthur einen der wichtigsten Braustandorte der Schweiz gemacht.

Das Pferdegespann diente als Vorlage für die erfolgreiche Werbung für Haldengutbier.

BrH

Vom Wein zum Bier

Kathrin Moeschlin

In der von Rebbergen umgebenen Stadt Winterthur war der Stadtwein sowohl bei den Einheimischen als auch bei den Gästen das beliebteste Alltagsgetränk. Dagegen hatte das Bier einen schweren Stand. In der ersten Hälfte des 19. Jahrhunderts versuchten sechs Bierbrauer ihr Glück in der Eulachstadt, doch fünf davon mussten nach wenigen Jahren bereits wieder aufgeben. Trotz rauem Gegenwind hat einzig die Brauerei Haldengut überdauert, die 1843 ausgerechnet mitten auf einem Weingut errichtet wurde. Das Kapitel zeigt auf, weshalb die Schweiz im Allgemeinen und Winterthur im Besonderen ein hartes Pflaster für Bierbrauer waren und welche Faktoren dazu beitrugen, dass sich die Weinbastion Winterthur zu einer Brauereistadt entwickelte.

Der Weingenuss vereint das Volk

Jahrhundertelang war die heutige Schweiz geprägt vom Weinbau. Gefördert von klösterlichen wie auch weltlichen Grundherren, trug bis 1800 fast jedes Dorf im gesamten Mittelland und in den Alpentälern zur Weinproduktion bei. Der Wein war sowohl in der städtischen als auch in der ländlichen Gesellschaft neben dem Most ein Alltagsgetränk, das bis zur zweiten Hälfte des 19. Jahrhunderts klar dominierte. Durch die während der Agrarrevolution erfolgte Umstrukturierung und Mechanisierung der Landwirtschaft steigerten sich die Weinerträge in dieser Zeit zunehmend. Gleichzeitig sorgte das starke Bevölkerungswachstum für eine immer grössere Nachfrage, und die Weinpreise stiegen. Das boomende Weingeschäft war nun so lukrativ, dass immer mehr Bauern auch an flachen Lagen und schattigen Hängen Rebstöcke pflanzten. Für die Obrigkeiten war der Weinanbau derart bedeutend, dass sie die Produktion schützten und allfällige Konkurrenzprodukte wie Bier und Schnaps stark kontrollierten und reglementierten. Bei Getreidemissernten, wie beispielsweise 1816–1817, verhängten sie sogar ein Bierbrauverbot, damit das überlebenswichtige Getreide nicht zur Bierverarbeitung verwendet wurde.

In der vom Wein geprägten Schweiz sprach viel gegen Brauereien: Der Anbau von Braugerste war geografisch bedingt nicht in zufriedenstellendem Mass möglich, und auch der Import von Rohstoffen wie Getreide oder Kohle für die Feuerung war wegen unzureichender Verkehrswege erschwert. Weiter schlugen sich die Brauer aufgrund schlechter Hygienebedingungen oftmals mit bierverderbenden Mikroorganismen herum, die für Totalausfälle sorgten. Es gab also viele gute Gründe, nicht in dieses risikobehaftete Gewerbe einzusteigen.

Brauen in Winterthur? Eine Bieridee!

Wie in der gesamten Schweiz spielte das Bier auch in Winterthur bis zur Mitte des 19. Jahrhunderts keine bedeutende Rolle. Im Jahr 1801 schenkten nur 17 von 73 Winterthurer Wirtschaften Bier aus, und zwar insgesamt nur 2056 Mass, also 3084 Liter, was ungefähr einem Liter pro Kopf entsprach. Von solchen Absätzen konnten die Brauer nicht leben, weshalb sie das Handwerk in der Regel als Nebentätigkeit ausübten. Meist waren es Küfer oder Tuchfärber, die ihre bereits vorhandenen Bottiche und Kessel zum Brauen benutzten, oder Bauern, Wirte und Bäcker, die den Umgang mit Getreide bereits kannten. Sie stellten das Bier zudem ausschliesslich im Winter und Frühling als saisonales Frischprodukt her, da die Kühlung und Lagerung im Sommer schwierig war. Um risikoreiche Transporte zu vermeiden, schenkten die Brauer ihre Produkte gleich in ihren eigenen Räumlichkeiten aus.

Der vertriebene Pionier: die Brauerei zum Mohrenkopf
Im Jahr 1800 kauften Hans Konrad Ziegler, Bäcker und Wirt zur Sanduhr, und sein Schwager, Werkmeister Salomon Sulzer, das Hinterhaus zum Mohrenkopf an der Ecke Obergasse/Holdergasse. Gemeinsam richteten sie eine Brauerei ein und verkauften das Bier in der Wirtschaft zur Sanduhr.

Dies war die erste Brauereigründung im 19. Jahrhundert im Kanton Zürich. Ziegler hatte 1801 einen Umsatz von 1070 Mass Bier, also 1605 Liter Bier, und damit den weitaus grössten Bierverkauf der Stadt. Offenbar war aber die Zeit noch nicht reif für eine Bierbrauerei in der Altstadt, und es kam vermehrt zu Klagen wegen der Wassernutzung aus dem Holderbrunnen. So büsste die Stadt im Juni 1800 drei Küferknechte der Brauerei «wegen Wasser tragen in die Bierbrauerei», wie Fritz Schoellhorn (1863–1933) in seiner Geschichte des Braugewerbes zu berichten weiss. Zerknirscht kehrte Ziegler Winterthur den Rücken und versuchte sein Glück in der Gemeinde Oberstrass bei Zürich. Dort kaufte Ziegler 1803 ein grosses Weingut und errichtete darauf eine Brauerei, die er mit einigem Erfolg betrieb.

Das Haus zum Mohrenkopf wurde versteigert. 1854 baute Rudolf Bindschedler den Gasthof zum Löwen am Unteren Graben 1, und der hintere Anbau entstand dort, wo die Brauerei vorher lag. Der gewölbte Brauereikeller diente nun als Weinlager des Gasthofs.

Der verhinderte Büezer: die Brauerei zur Roten Farb
Der Seifensieder Heinrich Oetiker verkaufte 1828 sein Haus zur Roten Farb an der Steinberggasse an den Bierbrauer Friedrich Hayes, der gedachte, dort eine Brauerei einzurichten. Doch der Rat hatte den Verkauf nur mit der Auflage genehmigt, alle polizeilichen Vorschriften in Bezug auf die Feuerordnungen zu beachten, vom Brunnenwasser nur bescheiden Gebrauch zu machen und inner- und ausserhalb des Hauses auf grösste Ordnung und Reinlichkeit zu achten. Hayes übergab schliesslich die Brauerei noch im gleichen Jahr an den Küfer, Weinschenk und Bierbrauer Gabriel Schulthess von Zürich. Auch Schulthess kam wegen der Brunnennutzung wiederholt in Konflikt mit den Behörden. Zudem fing er laut Fritz Schoellhorn eine Busse ein, «weil er letzten Sonntag bis nach 11 Uhr nachts hatte übersitzen lassen». 1840 verbot ihm die Stadt die Brunnenbenutzung, wogegen Schulthess Beschwerde einlegte: Er habe seit 12 Jahren «durch seinen Beruf dazu genötigt, beim Brunnen Bierfässli usw. gewaschen, alle 14 Tage Wasser genommen und seinen Bedarf durch einen Kengel [Wasserrohr] in den Kessel gerichtet». Werde ihm dies untersagt, sei er in seiner Existenz gefährdet. Die Stadt zeigte sich unnachgiebig, also verkaufte Schulthess 1841 die Brauerei an Jakob Siegrist, der das Brauen später ebenfalls einstellte. Bis 1943 bestand im Haus zur Roten Farb eine Wirtschaft. 1961 wurde sie abgerissen, um den Durchgang von der Obergasse zur Technikumstrasse zu erweitern.

Blick vom Rosengarten über die Altstadt auf die ausgedehnten Rebhalden am Lindberg. Zeichnung von Isidore Laurent Deroy um 1860.

Von Haldengut verdrängt: die Brauerei Furrer

1834 kaufte Jakob Ulrich Furrer, Küfer und Bierbrauer, von den Erben des Färbers Kaspar Sulzer einen Schopf mit Trockenstube im hinteren Teil der Liegenschaft Untertor 10 und richtete dort eine Brauerei ein. Furrer wurden jedoch nicht die Stadt und ihr strenges Brunnenregime zum Verhängnis, sondern die 1843 in Betrieb genommene Brauerei Haldengut. Sein Absatz brach sofort ein. Im Juli 1846 versuchte er noch, das Bier durch ein Inserat im Winterthurer Wochenblatt loszuwerden: «Gutes Lagerbier wird bei der halben und ganzen Mass über die Gass verkauft. 6 S[chilling] per Mass, beim Fässchen billiger.» Am 2. September 1846 schrieb er, dass «er sein Brauereigeschäft aufgehoben und sich nur einzig mit der Küferprofession beschäftige» und ersuchte um Streichung aus dem Handelsregister.

Ab 1847 war die Brauerei wieder als Färbereigebäude und Trockenstube bezeugt. 1868 erstellte der Architekt Wilhelm Bareiss (1819–1885) an dieser Stelle das Wohn- und Geschäftshaus zur Gloria (Stadthausstrasse 135).

Das Bier bringt den Wein in Bedrängnis

In der zweiten Hälfte des 19. Jahrhunderts wendete sich das Blatt. Mehrere Faktoren führten dazu, dass das Bier dem Most und sogar dem Wein auf Augenhöhe begegnete – so auch in Winterthur. Nach 1850 stürzte die Weinbranche zunehmend in eine Krise, und die Boomphase war zu Ende. Schlechte Witterungsjahre führten vor allem in den 1870er- und 1880er-Jahren zu Missernten und machten die Reben anfälliger für Schädlinge. Insbesondere die aus Amerika eingeschleppten Pilze, die Mehltau verursachten, und die amerikanische Reblaus, die 1875 aus Frankreich über Genf in die Schweiz gelangt war, befielen die Reben. Die Winzer bekämpften die Schädlinge mit Pflanzenschutzmitteln und mussten ganze Stöcke ausreissen, was die Produktionskosten und die Weinpreise in die Höhe trieb. In der Not griffen einige Winzer auch zu illegalen Mitteln und streckten ihren Wein mit Wasser und Zuckerlösung. Dies sorgte für Missgunst und ein wachsendes Misstrauen der Bevölkerung gegenüber dem Wein, weshalb die Absätze sanken. Viele Bauern wandelten darauf ihre nicht mehr rentablen Rebgebiete an ungeeigneten Lagen wieder in Ackerland, Wiesen oder Weiden um.

Die Industrialisierung schafft neue Bedingungen

Auch die blühende Textil- und Maschinenindustrie setzte der Landwirtschaft zu. Immer mehr Arbeitskräfte wanderten in die Fabriken ab und fehlten in den Bauernbetrieben. Viele Rebparzellen in Städten und Industriezentren, wie in Winterthur Töss, mussten zudem neuen Wohnüberbauungen weichen. Der Ausbau von Eisenbahnlinien erleichterte den Import von ausländischen Weinen, Branntwein sowie Obstmost und setzte den einheimischen Wein unter Druck. Gleichzeitig profitierten die Brauereien erheblich von der neuen Verkehrsinfrastruktur. Sie konnten ihre Rohstoffe nun einfacher beschaffen und zugleich das Bier besser transportieren und so neue Absatzgebiete erschliessen.

In Winterthur nutzten mehrere Unternehmer die Weinkrise und errichteten Brauereien. Die immer stärker werdende Konkurrenz durch die Brauerei Haldengut zwang sie jedoch nach und nach, ihr Geschäft wieder aufzugeben.

In den Schoss von Feldschlösschen getrieben: die Brauerei zum Volksgarten

Heinrich Blatter-Hoffmann, alt Stadtrat von Winterthur, besass an der Wülflingerstrasse 2 ein grosses Stück Bauland. Dieses verkaufte er 1878 an den Landwirt und Bierbrauer Christian Baur. Die 1879 fertiggestellte Anlage bestand aus einem Wohnhaus mit Wirtschaft und vier gewölbten Kellern sowie einem Brauereigebäude mit zwei gewölbten Kellern, einem Hochkamin, einer Bierpfanne, einem Maischbottich und einem Kühlschiff. 1889 verkaufte Baur seine Brauerei zum Volksgarten an Johann Pankratius Vogt (1843–1913) von Windischletten bei Bamberg, der das Braufach gelernt hatte und seit 1875 in Bauma wohnhaft war. Sein Absatzgebiet war weniger die Stadt als die Umgebung von Winterthur. Das Eis, das er zur Kühlung der Keller benötigte, beschaffte er aus Weihern in der Nähe von Seen. Später stellte er es auch mittels eines sogenannten Eisgalgens her. Dabei handelte es sich um ein Holzgerüst, an dem das Leitungswasser während kalter Nächte in feiner Zerstäubung zu Eis gefror. Braumeister war lange Zeit Fritz Biehler, bevor der Sohn des Besitzers, der Brauer Hugo Vogt, den Posten übernahm.

Um die Jahrhundertwende ging der Absatz angesichts der zunehmenden Konkurrenz durch die Brauerei Haldengut deutlich zurück. 1902 verkaufte Vogt seine Brauerei für 200'000 Franken an die Aktienbrauerei zum Feldschlösschen in Rheinfelden. Diese stellte den Betrieb in Winterthur ein und nutzte die Anlage neu als Depot. Vogt und sein Sohn führten dieses noch für einige Jahre. In den Winterthurer Zeitungen erschien im März 1902 ein Inserat: «[...] Die Bedienung, wie der Preis des Biers, laufen im gleichen Verhältnis wie bis anhin, nur mit dem Unterschied, dass bis jetzt meine geehrten Abnehmer statt von der kleinen Brauerei (wie meine Konkurrenten sich stets ausdrückten) von derjenigen der grössten der Schweiz von meinem Depot bedient werden.» Die Wirtschaft zum Feldschlösschen an der Wülflingerstrasse 2 blieb noch bis Mitte 1982 bestehen.

Links: Reblaus aus einem Botanikbuch von 1900. Die amerikanische Reblaus gelangte aus Frankreich in die Schweiz und befiel Reben. Die Winzer bekämpften sie mit Insektenschutzmitteln, erlitten aber Ertragsausfälle.

Unten: Die historische Karte von Johannes Wild aus der Zeit um 1854 zeigt das Haldengut mit dem ersten Brauereigebäude und die projektierte Eisenbahntrasse nach St. Gallen, Eröffnung 1855.

Auffallend sind die ausgedehnten Rebberge auch an wenig geeigneten Lagen.

Rechts: Blick vom Goldenberg über Winterthur mit der neuen Bahnlinie in Richtung St. Gallen. Unter diesem Aussichtspunkt gibt es noch heute Reben. Bild aquarelliert von Johann Rudolf Dikenmann, um 1870.

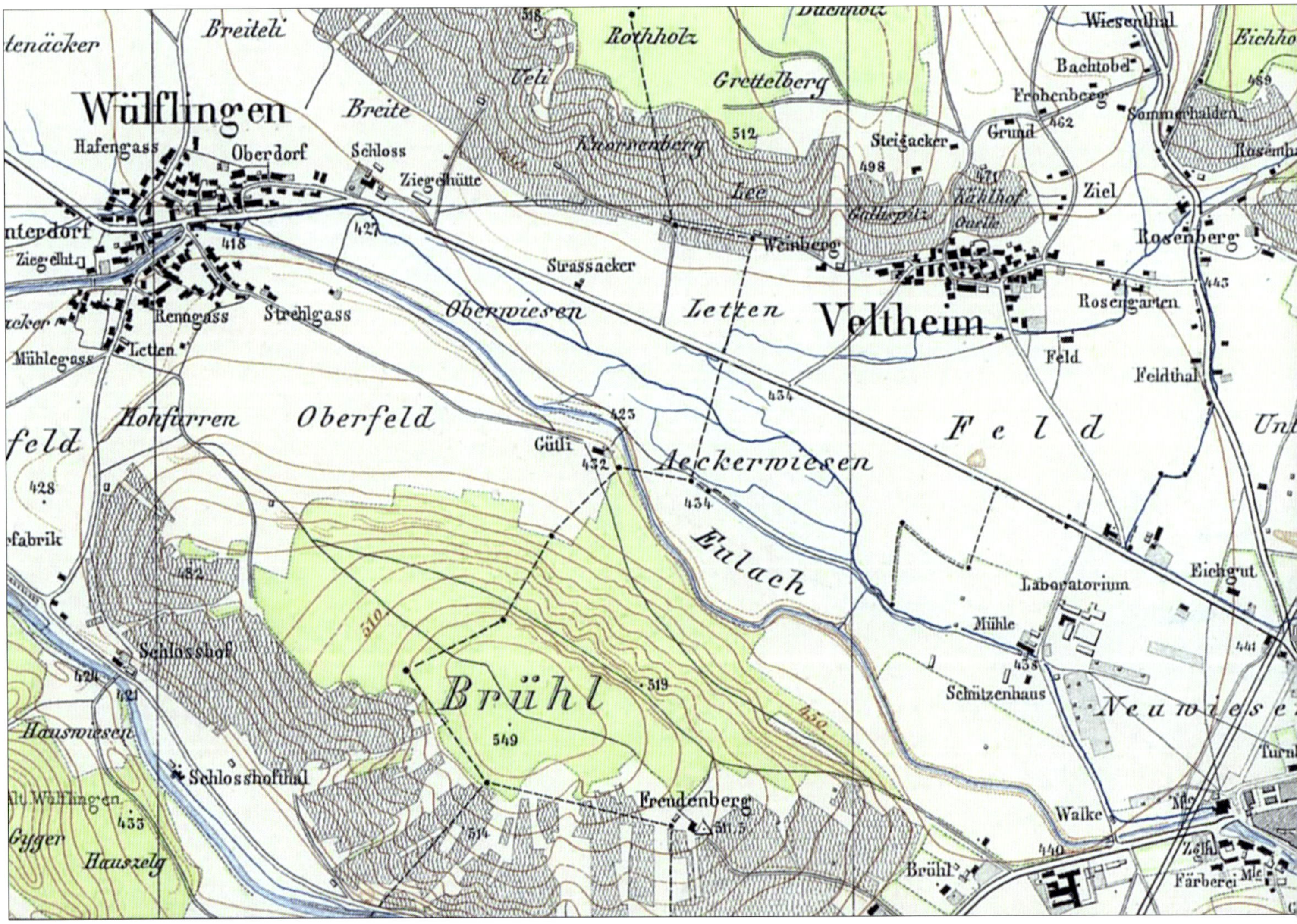

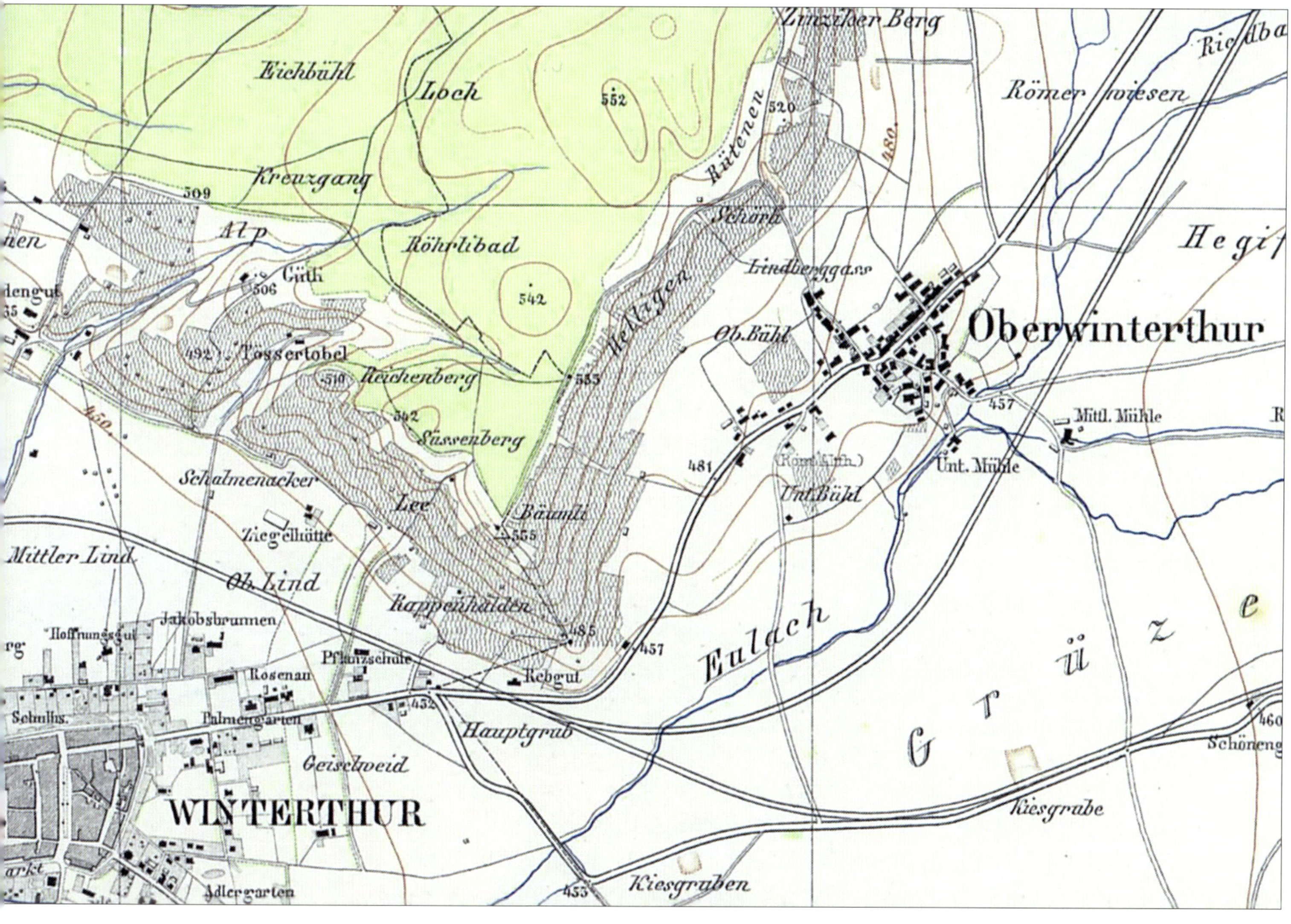

Eichbühl
Loch
552
Römer wiesen
520
480
Kreuzgang
Rütenen
509
Alp
Röhrlibad
Schorn
Hegi
Güth
506
Lindberggass
542
Oberwinterthur
492
Tössertobel
510
Reichenberg
555
Ob.Bühl
457
Mittl. Mühle
562
Sassenberg
Unt. Mühle
481
Unt.Bühl
Schalmenacker
Lee
Bäumli
555
Ziegelhütte
Mittler Lind
Ob. Lind
Rappenhalden
Jakobsbrunnen
485
457
Eulach
Pflanzschule
Rosenau
Rebgut
432
Palmengarten
Hauptgrub
Geiselweid
Kiesgrabe
WINTERTHUR
Adlergarten
453
Kiesgruben
Grüze
460

Von Haldengut verschmäht: die Brauerei Schöntal

Karl Irion von Aldingen von Württemberg, wohnhaft in St. Gallen, kaufte 1879 das Wohnhaus zum Grüntal beim Bahnhof Winterthur und erfüllte sich dort seinen Traum von der eigenen Brauerei. Im Herbst 1880 war der Bau fertig. Nebst dem Wohn- und Waschhaus mit Remise und Stall umfasste die Liegenschaft auch ein Brauereigebäude. Dieses war mit Dampfkessel, Dampfmaschine, Bierkessel, Maischbottich, Dickmaisch, Wasserpumpe, Hopfenseiher, Kühlschiff, Kühlapparat, zwei Aufzügen und einem Brunnen ausgestattet. Zwei Jahre später liess Irion einen Anbau für ein Eishaus und Keller erstellen.

Die Brauerei wechselte innert weniger Jahre mehrmals den Besitzer, bevor 1889 der Landwirt Heinrich Herrensberger und sein Sohn Hermann ins Braugeschäft einstiegen. Sie übernahmen auch das anstossende Wohn- und Gasthaus zum Kreuz an der inneren Schaffhauserstrasse (später Merkurstrasse 9, ab 1987 Stadthausstrasse 10b). Doch auch für sie lief das Brauereigeschäft nicht rund, und es wurde 1891 die Aktienbrauerei Schöntal gegründet, welche die Brauerei nun betrieb. Auch diese hatte um die Jahrhundertwende mit einem Absatzrückgang zu kämpfen.

Die Brauerei Schöntal führte Unterhandlungen mit der Brauerei Haldengut betreffend einer Fusion der beiden Brauereien, die jedoch scheiterten. Schliesslich übernahm 1906 die Aktienbrauerei Zürich die Liegenschaften und stellte den Betrieb ein. Später erwarb der Konsumverein Winterthur das Areal und nutzte es als Bierdepot, Verwaltungs- und Lagerraum. Das in der Villa Schöntal eingerichtete Restaurant Schöntal blieb bis 1978 in Betrieb. Seit 1980 steht auf dem Schöntalareal das Warenhaus Coop City, seit 1997 Manor, am Stadtgarten.

Haldengut: eine Brauerei im Weingut

Was hatte es also mit dieser Brauerei Haldengut auf sich, die sich auch in harten Zeiten behaupten konnte und sämtliche Konkurrentinnen abhängte? Auch die Anfangszeit der Brauerei Haldengut, damals noch Haldenberg genannt, war harzig. Angesichts der zunehmend angespannten Lage unter den Winzern erstaunt es nicht, dass die Gründung der Brauerei im Jahr 1843 vielen Städterinnen und Städtern ein Dorn im Auge war.

Der Stadtchronist Johann Conrad Troll (1783–1858), bekannt für seine spitze Feder, wählte in seiner 1848 erschienenen Stadtgeschichte deutliche Worte: «Schon steht seit 1843 eine Brauerei, wie eine Satyre auf den Weinbau, mitten in unserm Weinberg. Das Bier ist sogar im rebengesegneten Winterthur zur Lebensfrage geworden.»

Ein stattlicher Betrieb: das Weingut Haldenacker

Der Ursprung der Brauerei Haldengut geht auf ein Weingut zurück. Der Bauer und Müller Elias Ernst (1777–1839) konnte 1806 zusammen mit seiner Frau Elisabeth Ernst-Forrer (1777–1855) das Weingut im Haldenacker vom Spitalamt Winterthur übernehmen. Das Grundstück umfasste mitsamt Wiesen und Ackerland 14 Jucharten, also ungefähr 500 Aren oder sieben Fussballfelder.

Der auf Weinbau und Milchwirtschaft ausgerichtete Landwirtschaftsbetrieb am Fuss des Lindbergs rentierte offenbar, denn schon 1817 konnte Elias Ernst auf seinem Grundstück ein zweistöckiges Herrschaftshaus im französischen Stil mitsamt einem Wirtschaftsgebäude errichten.

Nach seinem Tod 1839 ging das Anwesen auf die Nachkommen über. Ferdinand Ernst (1819–1875) hatte das Brauhandwerk im Münchner Hofbräuhaus gelernt und wollte die Rendite des Gutsbetriebs durch den Bau einer Brauerei verbessern. Offenbar konnte er seine Geschwister davon überzeugen, denn 1840 verfassten sie gemeinsam eine Anfrage an den Stadtrat von Winterthur zur Errichtung der Brauerei Haldenberg. Ein mutiges Unterfangen, wie auch Fritz Schoellhorn erkannte: «Es gehörte aber Wagemut dazu, mitten in das Rebgelände hinein, in dem der geschätzte Winterthurer Stadtbergler reifte, eine Bierbrauerei zu bauen.» Der Standort am Rebhang sorgte tatsächlich noch für einige Rückschläge, und es sollte noch Jahrzehnte dauern, bis dieser Wagemut Früchte trug.

Ein riskantes Bauunternehmen: die Brauerei Haldenberg

Der Bau der Brauerei erfolgte nach den Plänen des renommierten Zürcher Architekten Leonhard Zeugheer (1812–1866), der in Winterthur bereits die Knabenschule (heute Kunst Museum Winterthur, Reinhart am Stadtgarten) erstellt hatte. Als Baumeister agierten der Werkmeister Sulzer und der Zimmermeister Heider von Winterthur. Via Inserate im Winterthurer Wochenblatt suchten diese im März 1841 Tagelöhner aus der Umgebung: «Im Haldengut bei Winterthur ist behufs Erbauung einer Bierbrauerei die Ausgrabung von ca. 900 Kubikklafter Erde zu besorgen. Es werden daher alle diejenigen, welche geneigt sind, diese Arbeit zu übernehmen, ersucht, von den diesfälligen Plänen und Baubeschreibungen bei Herrn Architekt Zeugheer im Rennweg Nr. 371 in Zürich Kenntnis zu nehmen und sich bei der Absteigerung Freitags 2. April auf dem Lokale selbst recht zahlreich einzufinden.» Die Bauarbeiten dauerten von 1841 bis 1842 und verursachten mehrere Probleme, da die Baugrube einzustürzen drohte und gewaltige Sprengungen nötig waren. Ausserdem floss bei der Grabung städtisches Quellwasser in den Keller, das wieder in die Stadtleitung geführt werden musste. Dafür musste die Familie Ernst der Stadt eine Entschädigung von 250 Gulden bezahlen.

Das fertiggestellte Brauereigebäude konnte sich sehen lassen. Dreigeschossig und im klassizistischen Stil umgesetzt, mit übergiebeltem Mittelrisalit und drei markanten Rundbogenportalen, lag es über vier Kellern. Im Erdgeschoss waren die Sud-, Wasch-, Brenn- und Kühlhäuser, der Gärkeller und die Weiche eingerichtet, im Zwischengeschoss zwei Wohnzimmer und zwei Wasserbehälter. Das erste Obergeschoss umfasste die Darre und den Malzboden sowie zwei Büros, im zweiten Obergeschoss waren die Hopfen- und Gerstenmagazine untergebracht. Ferdinand Ernst konnte 1843 sein erstes Bier brauen. Im Landboten erschien am 20. April desselben Jahres folgendes Inserat: «Am Ostermontag ist in den meisten Schenk- und Gesellschaftshäusern von Winterthur Bockbier ausgeschenkt und auch fleissig getrunken worden. – Bockbier? Ja, und zwar in Winterthur selbst gebrautes, nämlich in der letztes Jahr erbauten Bierbrauerei z. Haldenberg, die auch in der gewöhnlichen Sorte ausgezeichnetes geliefert hat.»

Ansichten der Winterthurer Brauereien Schöntal (oben) und Volksgarten (unten).

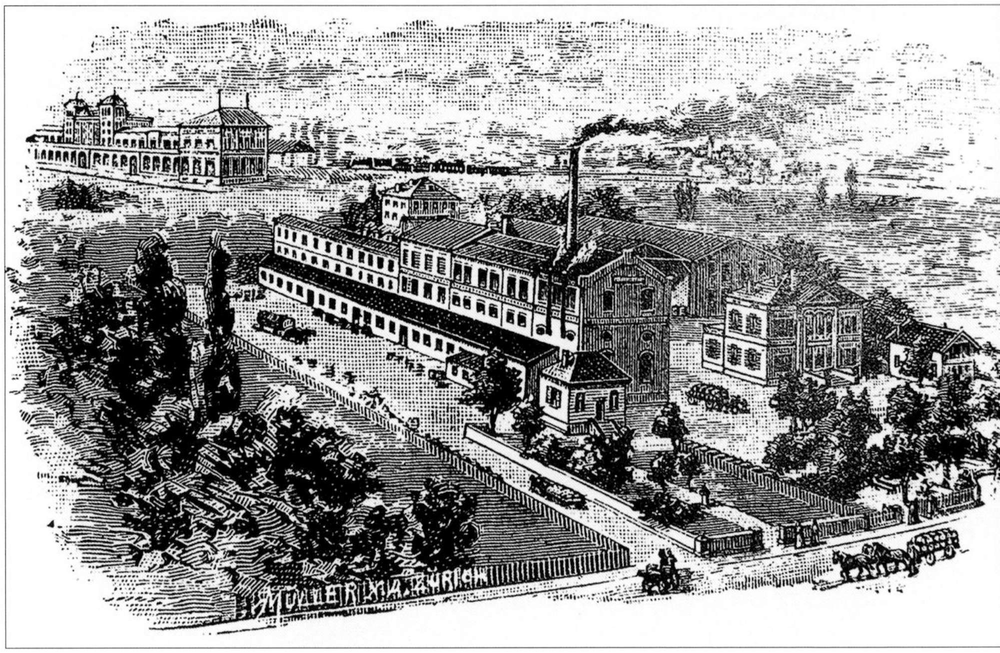

Oben: Die Belegschaft der Brauerei Haldengut um 1873. Die Malzschaufeln sind heute noch als Zunftzeichen und in Brauereisymbolen abgebildet.

Rechts: Glockenkannen der Winterthurer Zinngiesserei Forrer (grosse von 1782, kleine von 1807). Die Kannen wurden insbesondere für den Ausschank von Wein verwendet. Bier wurde direkt aus dem Fass in Humpen aus Steingut und später Glas ausgeschenkt, oft noch mit Deckeln aus Zinn mit dem Schriftzug der Brauerei. Auf edleren Gläsern wurde der Name der Brauerei eingraviert.

Im Kampf gegen Hitze und Wassermangel: die Brauerei Haldengut

1851 kaufte Ferdinand Ernst seinen Miterben die gesamte Brauerei ab und benannte die Firma in Brauerei Haldengut um. Dass er den Loskauf in der Höhe von 70'000 Gulden überhaupt zahlen konnte, hatte er vermutlich seiner Verheiratung 1849 mit Sophie Sulzberger zu verdanken, der Tochter der vermögenden Familie Sulzberger zum grossen Christoffel. Leider erkrankte sie wenige Jahre später an einer unheilbaren Krankheit, und Ferdinand Ernst heiratete 1869, noch vor ihrem Tod, seine zweite Frau Katharina Pauline Meyer von Stallikon.

In den ersten Jahrzehnten war die Brauerei lediglich ein Teil des landwirtschaftlichen Gutsbetriebs mit einem grossen Viehbestand sowie Reben zur Produktion des Haldenbergerweins. Trotz grossem Absatzgebiet des Biers, das neben Winterthur und Umgebung vor allem die Stadt Zürich umfasste, gelang es Ferdinand Ernst nicht, das Haldengut zu einem rentablen Unternehmen zu führen. Dies hing nicht zuletzt mit dem Grundproblem des Unterfangens zusammen: dem Standort. Als Weingut war die Lage am Südhang perfekt. Für die Brauerei hingegen war sie denkbar ungeeignet. Neben den hohen Temperaturen und der damit erschwerten Kühlung ging von den umliegenden Rebstöcken auch eine erhebliche Infektionsgefahr aus. Ausserdem litt die Brauerei chronisch an Wassermangel, was besonders gravierend war – nicht nur wegen des Wassergehalts von über 90 Prozent im Bier, sondern vor allem aufgrund des hohen Wasserbedarfs während der Produktion. Das Wasser war für das Einweichen der Gerste in der Mälzerei, das eigentliche Brauen, das Würzekühlen, die Speisung der Dampfkessel, die Kälteerzeugung und alle möglichen Reinigungsarbeiten notwendig. Verzweifelt suchte man deshalb nach Quellen und organisierte dafür sogar einen «Brunnenschmecker» mit Wünschelrute. Erst in den 1910er-Jahren konnten die Probleme mit einem leistungsfähigen Grundwasser-Pumpwerk und einem höher gelegenen Reservoir gelöst werden.

Die finanzielle Lage der Brauerei verschlechterte sich bis 1870 stetig. In der Folge des deutsch-französischen Kriegs 1870 bis 1871 brachen die Verkaufszahlen massiv ein. 1872 versuchte Ferdinand Ernst den Absatz zu heben, indem er auf der von Nussbäumen beschatteten Terrasse eine Sommerwirtschaft einrichtete und Bier ausschenkte. Im April 1873 trat er in eine Geschäftsbeziehung mit dem Württemberger Malz- und Getreidehändler Johann Georg Schöllhorn (1837–1890) ein. Dieser handelte auch mit Wein und zeitweilig sogar mit Ölgemälden und verkaufte Lebensversicherungen. Er hatte ein Vermögen aufgebaut und half Ferdinand Ernst wiederholt mit grösseren Geldsummen aus. Als Ferdinand Ernst nach einer schweren Krankheit mit 56 Jahren starb, hinterliess er nicht nur sieben Kinder aus zwei Ehen und ein beachtliches Lebenswerk, sondern auch beträchtliche Schulden, unter anderem etwa 30'000 Franken bei Schöllhorn. Dieser beschloss 1875, das Haldengut zu übernehmen, zusammen mit Ferdinands Sohn Hans Ernst (1853–1907), der in München eine Brauereiausbildung absolviert hatte und den Betrieb bereits kannte.

Pioniergeist und Risikofreudigkeit: die Brauerei Ernst & Schöllhorn

Ein Jahr nach der Übernahme der Brauerei zog Johann Georg Schöllhorn mit seiner Familie nach Winterthur. Seine Gattin Karoline Schöllhorn, geborene Nonnenmacher (1838–1886), übernahm die Verpflegung der Brauburschen und -knechte, was bis dahin Aufgabe des Braumeisters gewesen war. Die meisten Brauer wohnten offenbar vor Ort: «In einem gemeinsamen Schlafsaal im Brauereigebäude waren die meisten, etwa 12 Brauer, untergebracht; als Aufenthaltsraum war ihnen der ‹Sternen› angewiesen, ein niederer Raum mit halbrunden Fenstern, und der ‹Schwarzwälder-Bote› lag als Leibblatt der Brauer auf», wie ihr Sohn Fritz Schoellhorn später in seiner Haldengutchronik beschrieb.

Die unterdessen veralteten Anlagen stellten für die neuen Brauereiinhaber ein grosses Problem dar und machten umfangreiche Investitionen notwendig. Beispielsweise wurde das Sudwerk noch von zwei Pferden angetrieben, die gehorsam im Kreis herumliefen. 1876 mietete Schöllhorn von der wenige Jahre zuvor gegründeten Schweizerischen Lokomotiv- und Maschinenfabrik Winterthur zuerst ein fahrbares Lokomobil und wenig später ein sogenanntes Halblokomobil ohne Räder, um die Pferde zu ersetzen. Auch liess er den Keller erneuern und einen Wagenschuppen erstellen. Infolge der schlechten Kellerverhältnisse hatte die Brauerei mehrere Sommer mit Infektionsherden zu kämpfen, die sich in Geschmacksfehlern im Bier niederschlugen.

Eine ständige Herausforderung war zudem die Kühlung. 1877 schaffte Schöllhorn einen Berieselungskühlapparat an, der mit Brunnenwasser und etwa acht Zentnern Eis innerhalb von eineinviertel Stunden 45 Hektoliter Bier kühlte. Schliesslich erhielt die Brauerei Haldengut mit einem Pachtvertrag vom 17. Juli 1882 von der Stadt das Recht zur Eisgewinnung auf den Walkeweihern. Um eine möglichst grosse Eisfläche nutzen zu können, erstellte die Brauerei im gleichen Jahr zusätzlich den untersten Weiher. In warmen Wintern musste das Eis jedoch aus entlegenen Gegenden, zum Beispiel vom Klöntalersee, mühsam mit Fuhrwerken herangeschafft werden. 1885 bestellte die Brauerei die erste Einrichtung zum Spülen und Füllen der Flaschen. Dank der pionierhaften Investitionen und der Risikobereitschaft verdreifachte sich der Bierabsatz in wenigen Jahren und erreichte 1880 beinahe 20'000 Hektoliter.

Der Erfolg gelang aber nicht nur aus eigener Kraft. Das gesamte Brauwesen profitierte auch von gesamtgesellschaftlichen Entwicklungen. Mit der Auflockerung der starren Gesellschaftsformen des Ancien Régime kam eine neue Geselligkeit auf. Im Laufe des 19. Jahrhunderts mehrten sich die Gründungen von politischen Parteien, Vereinen und Zirkeln, deren Aktivitäten mehrheitlich in Wirtshäusern stattfanden. Die Zahl der Wirtschaften nahm ausserdem mit der in der Bundesverfassung von 1874 verankerten Liberalisierung der Volkswirtschaft zu. Das eidgenössische Fabrikgesetz von 1877 weitete die Freizeit und den Feierabend aus, und die Wirtshäuser boten einen Ort des Beisammenseins nach getaner Arbeit.

Im Gegensatz zum Wein verzeichnete das Bier im ausgehenden 19. Jahrhundert keinen Preisanstieg und wurde sogar billiger. 1887 schaffte der Bund die Besteuerung der Bierproduktion und Biereinfuhr ab. Dank kräftigem Lobbying konnte sich das Bier als nahrhafte und gesunde Alternative zu gebranntem Schnaps und teurem Wein in der Bevölkerung immer stärker durchsetzen. Das Bier etablierte sich als Volksgetränk nicht nur der Arbeiterschaft, sondern auch des Bürgertums.

Das nach Plänen von Leonhard Zeugheer im Auftrag von Ferdinand Ernst 1841/42 errichtete Brauhaus der zuerst Haldenberg genannten Brauerei im Haldengut an den Rebhalden des Lindbergs. Kurz zuvor vollendete Zeugheer den Bau des Knabenschulhauses an der Stadthausstrasse. Die Zeichnung zeigt das Haldengut als Rekonstruktion in der Zeit der Gründung der Brauerei.

Von 1875 bis 1888 firmierte die Brauerei Haldengut als Kollektivgesellschaft Ernst & Schöllhorn. Brauerei und Bier hiessen fortan Haldengut.

Hans Ernst – Sohn des Gründers Ferdinand Ernst – widmete sich ausschliesslich der Brauerei, Johann Georg Schöllhorn betrieb daneben weiterhin sein Handelsgeschäft mit Malz und Getreide.

1881 wurde die Brauerei östlich um ein Sudhaus mit Hochkamin erweitert. Eine erste Dampfmaschine löste den mechanischen Antrieb durch Pferde ab. Zudem stellte die Brauerei von der Direktbefeuerung der Kessel mit Holz auf das Erhitzen der Sude mittels Dampf um.

Bessere Qualität und «Hektoliterjagd»

Seit der Gründung des Bundesstaates 1848 erhielten zudem patriotische Feiern eine herausragende Bedeutung. Schützenfeste, Turnfeste, Musikfeste und politische Gedenkfeiern für historische Ereignisse, wie zum Beispiel Schlachten, erlangten grosse Beliebtheit. Die Bankette galten dabei als Höhepunkte, an welchen alkoholische Getränke wie Bier und Wein nicht fehlen durften. Die Landesausstellung in Zürich 1883 propagierte das Bier in grossem Stil, und viele Brauereien im Kanton Zürich erreichten einen Rekordumsatz. Die im 19. Jahrhundert entstandenen Studenten- und Hochschulverbindungen richteten sich ganz nach ihren deutschen Vorbildern und bevorzugten das Bier als ihr Hauptgetränk.

Dank produktionstechnischen Entwicklungen verbesserte sich die Qualität des Biers deutlich, und der Geschmack unterlag weniger Schwankungen. Auch war durch die Möglichkeit der Kühlung die Verfügbarkeit des Biers nun über das ganze Jahr gewährleistet und die Haltbarkeit dank der Entdeckungen des französischen Chemikers Louis Pasteur (1822–1895) auf dem Gebiet der Hefe und der Pasteurisierung deutlich verbessert.

Während um 1850 der jährliche Konsum von Bier in der Schweiz bei 5 Litern pro Kopf lag, stieg er bis um 1900 auf 67 Liter pro Kopf an. Nun waren nicht mehr die Winzer die grössten wirtschaftlichen Konkurrenten, sondern andere Brauereien. Diese schossen wie Pilze aus dem Boden, vervierfachten sich seit 1850 und verzeichneten 1885 einen Rekordstand von schweizweit insgesamt 530 Anlagen. Um 1900 war die Transformation vom «Weinland» zur Biernation vollzogen: Erstmals tranken die Schweizerinnen und Schweizer mehr Bier als Wein. Die Brauereien hatten sich zu einem rentablen Zweig der Lebensmittelindustrie entwickelt. Doch die vielen Betriebe begannen einen harten Konkurrenzkampf: Es entbrannte die sogenannte «Hektoliterjagd», eine wilde Jagd nach einer Steigerung des Bierausstosses. Die Brauereien mussten grosse Investitionen für die Mechanisierung und den Transport leisten, um mithalten zu können. Dies führte dazu, dass die Betriebsgründungen aufhörten und die kleinen Brauereien eingingen. Bis 1890 sank die Zahl der Brauereien in der Schweiz auf 340 und bis 1911 sogar auf 138. Die grössten überlebenden Brauereien gruppierten sich um Zürich, Basel, Luzern, Fribourg, St. Gallen, Schaffhausen und Bern. Mittendrin und sehr erfolgreich – die Brauerei Haldengut.

Das Geschäft lief sogar so gut, dass Johann Georg Schöllhorn Anfang der 1880er-Jahre auch noch die Brauerei Bavaria in St. Gallen und die ziemlich heruntergewirtschaftete Brauerei Tivoli in Genf übernahm und auf Vordermann zu bringen versuchte. 1888 trat Hans Ernst aus dem Geschäft aus, und Schöllhorn gründete die Aktiengesellschaft Vereinigte Schweizer Brauereien. Ein kühner Name, wenn man bedenkt, dass sie nur drei Brauereien in einem Meer von Konkurrenten umfasste. Der jähe Aufstieg erlebte aber einen herben Dämpfer, als der umtriebige Patron Johann Georg Schöllhorn im Alter von 52 Jahren unerwartet verstarb. Sein 25-jähriger Sohn Fritz Schoellhorn musste übernehmen. Im Auftrag des Vaters hatte er erst zwei Jahre lang die Brauerei Tivoli in Genf geleitet, nun musste er das Erbe antreten und die Vereinigten Schweizer Brauereien ins neue Jahrtausend führen.

Eine kurze Kulturgeschichte des Biers in der Schweiz

Betrachten wir die frühere Geschichte des Biers beziehungsweise der Bierbrauerei, so können wir auf dem Gebiet der heutigen Schweiz verschiedene Bierperioden feststellen. Während im Frühmittelalter das Bierbrauen zum Alltag gehörte, verschwand das Bier danach fast vollständig und kehrte erst im 17. und 18. Jahrhundert in eingeschränktem Mass zurück. Bis weit ins 19. Jahrhundert hinein blieben Wein und Most die Hauptgetränke der Schweizer Bevölkerung.

Das Bierbrauen war in Mesopotamien und Ägypten seit Urzeiten bekannt. Die Griechen und Römer konnten jedoch mit dem Bier nicht viel anfangen, der Wein mundete ihnen besser. Auch im Christentum, das sich in der römischen Kaiserzeit und im frühen Mittelalter ausbreitete, spielte der Wein eine wichtige Rolle, und die frühen Klöster im Süden sahen den Wein als Alltagsgetränk für die Mönche vor. Dies änderte sich, als sich das Christentum und die Klöster nach Norden und Westen ausbreiteten. In der keltisch-germanischen Welt war das Bier ein beliebtes Hausgetränk. Da im Norden der Wein nicht in genügender Menge vorhanden war, fand das Bier als Ersatzgetränk auch Eingang in die Klöster. Die ersten schriftlichen Zeugnisse zur Bierbrauerei stammen aus dem 8. Jahrhundert aus den Klosterarchiven.

Die berühmteste Quelle für eine Brauerei in der Schweiz im Frühmittelalter ist der karolingische Klosterplan von St. Gallen von ungefähr 826. Er sah drei Bierbrauereien vor, die grösste für die Mönche, eine weitere für die vornehmen Gäste des Klosters und eine letzte für die Pilger und die Armen. Der Klosterplan wurde zwar nie realisiert, er stellte jedoch die Idealvorstellung eines frühmittelalterlichen Klosters dar, das ganz auf Selbstversorgung beruhte. Der Wirklichkeit näher als der Klosterplan stehen Urkunden als Zeugnisse der Rechtsgeschäfte und des Alltagslebens. Im Stiftsarchiv St. Gallen sind fast 900 Urkunden aus dem Frühmittelalter überliefert, in 52 davon wird Bier als jährliche Abgabe ans Kloster erwähnt. Mehrere mittlere und grössere Gutshöfe auf dem Land waren offenbar für das Bierbrauen eingerichtet. Die Urkunde vom 6. August 754 ist die erste datierte urkundliche Erwähnung von Bier im deutschen Sprachraum. Das Kloster St. Gallen erhielt von Rothpald aus Henau bei Wil SG jährlich 30 Eimer Bier, also ungefähr 800 Liter, als Zins.

Ab dem 10. Jahrhundert ist in den Quellen mehr von Wein als von Bier die Rede. Die geistlichen und weltlichen Herrscher förderten den Weinbau. Dies schliesst jedoch nicht aus, dass einzelne Bauern, Wirte oder Klosterbrüder, beispielsweise bei einer schlechten Traubenernte, gelegentlich Bier produzierten. Im 12. bis 15. Jahrhundert kommt Bier kaum mehr in der Überlieferung vor, nur ganz vereinzelt ist in Urkunden und Einkünfteverzeichnissen von Bier die Rede. Das Getränk war zwar nicht verschwunden, wurde aber bis weit in die Neuzeit hinein von Wein und Most verdrängt. Die Schweiz mit ihren guten Hanglagen an Seen und Flüssen war für den Weinbau prädestiniert, geeignete Ackerbauflächen für Gerste fehlten oft.

Erst im 17. Jahrhundert kam das Bier zaghaft zurück, unter anderem wegen der kleinen Eiszeit, welche den Wein verteuerte. In grösseren Städten auf dem Gebiet der heutigen Schweiz kann eine vermehrte Brautätigkeit festgestellt werden, welche teilweise zu Klagen der Weinhändler über die neue Konkurrenz führte. Die Obrigkeiten reagierten mit der Protektion des Weinhandels und der strengen Überwachung der Brauereien, welche wegen dem Feuer für den Sud in den Braukesseln eine grosse Brandgefahr darstellten. Auch Ende des 18. Jahrhunderts gab es immer noch sehr wenige Brauereien. Die Brauer konnten sich wegen der Zunftordnungen und des Weinprotektorats der Obrigkeit kaum entfalten.

Mit dem Rückgang des Weinbaus und dem Aufkommen von Bier in der Schweiz stellte sich die Frage, ob nicht statt Reben Hopfen angebaut werden könnte. Schon früh gab es entsprechende Versuche. Hopfen kann aber nicht auf bisherigen Rebhalden wachsen, und das für den Anbau benötigte Wissen und die damit verbundene Hopfenkultur fehlten ebenfalls.

Auch der Anbau von Braugerste und deren Vermälzung verblieben bis heute weitgehend im Ausland, insbesondere in Deutschland und Tschechien. Dies förderte den Handel, durch den die Brauerei Haldengut mit dem Malz- und Hopfenhändler Johann Georg Schöllhorn ins Geschäft kam.

Links: Hopfenernte in einem bayrischen Hopfengarten, um 1930.

Ein Leben im steten Vorwärtsdrang

Nadia Pettannice

Fritz Schoellhorn zählt zu den prägenden Persönlichkeiten im Schweizer Brauwesen an der Wende zum 20. Jahrhundert. Trotz seiner unbestrittenen und vielfältigen Leistungen empfand er sein Werk zeitlebens als unvollendet. Das Kapitel beleuchtet, welche persönlichen Voraussetzungen Fritz Schoellhorn für seine späteren Aufgaben als Geschäftsführer der Brauerei Haldengut mitbrachte, nach welchen Werten und Grundsätzen er handelte und wie er den Einstieg in das Brauwesen bestritt.

Ein «Bieble» im württembergischen Königreich

Friedrich «Fritz» Schoellhorn wurde am 19. Oktober 1863 im württembergischen Oberurbach geboren und war das älteste von vier Geschwistern. Seine frühe Kindheit verbrachte er auf einem bescheidenen Landgut. In seinen Lebenserinnerungen schildert er die Arbeit auf dem grosselterlichen Hof, regelmässige Kirchgänge, die Abenteuer in der ländlichen Umgebung und den rezenten Geruch von Herbstäpfeln.

Drei Erinnerungen hebt er dabei als besonders prägend hervor: Da waren die stetige geschäftlich bedingte Abwesenheit seines Vaters, die Schläge seiner Mutter, aber auch ein persönliches Missgeschick, als er sich als kleiner Knabe beim Spielen seine ersten paar Hosen einnässte. Solche Passagen sind bezeichnend für die Persönlichkeit von Fritz Schoellhorn, der ein Leben lang mit einem Gefühl der Unzulänglichkeit zu kämpfen hatte. Keine Erwähnung findet hingegen sein jüngeres Brüderchen Georg, das im Alter von nur drei Jahren an der gefürchteten «Halsbräune» (Diphtherie) verstarb. Fritz war seither nicht nur der einzige männliche Nachkomme der Familie, sondern auch der einzige Knabe in der Nachbarschaft. So zählten in den ersten fünf Lebensjahren seine beiden Schwestern Josephine (1864–1942) und Emilie (1865–1955) sowie die Grosseltern mütterlicherseits zu seinen wichtigsten Bezugspersonen.

Das Familienleben nahm eine erste grosse Wende, als Räuber den Vater Johann Georg Schöllhorn (1837–1890) überfielen. Dieser befand sich gerade mit seinem Fuhrwerk auf dem Weg zum nächstliegenden Bahnhof in Durbach, wofür er ein Waldstück passieren musste. Händler wie er waren oft mit einer grösseren Menge Bargeld unterwegs, die sie in einer Bauchtasche mitführten. Dies machte sie zu begehrten Zielen für Kriminelle. Dank der schnellen Reaktion seines Wagenführers konnten sie gerade noch fliehen und kamen mit dem Schrecken davon. Nach diesem Ereignis zog Vater Schöllhorn 1868 mit der Familie samt Grosseltern ins nahegelegene Städtchen Waldsee, das gerade an die Eisenbahn angeschlossen worden war. Dort kaufte er direkt neben dem Bahnhof ein Haus. So musste er keine gefährlichen Waldwege mehr passieren, sondern konnte kurz vor Abfahrt direkt in den Zug springen.

Privileg höhere Bildung

In Waldsee schickte Johann Georg Schöllhorn seinen fünfeinhalbjährigen Sohn sogleich in die Schule, um ihn auf die spätere Geschäftstätigkeit vorzubereiten. Vater Schöllhorn selbst war ein Aufsteiger, der es vom Fruchtverkäufer zum wohlhabenden Malz- und Getreidehändler gebracht hatte. Neben seinem Verkaufstalent hatte auch seine Frau Karoline, geborene Nonnenmacher, einen wesentlichen Anteil an den Erfolg beigetragen. Sie hatte nicht nur einen guten Namen, sondern auch eine stolze Mitgift in die Ehe eingebracht. Dass Johann Georg Schöllhorn, der selbst nur eine Dorfschule besucht hatte, in der

Lage war, seinem Sohn eine höhere Bildung zu ermöglichen, war ein Privileg, das er sich hart erarbeitet hatte. Bildung galt als Grundvoraussetzung für den sozialen Aufstieg in das sich allmählich formierende Wirtschaftsbürgertum. Sie ermöglichte den Zutritt zu einflussreichen Kameradschaften, Schulverbindungen und anderen Netzwerken. Entsprechend hoch waren die Erwartungen des Vaters an die Leistungen seines Sohnes. Dem jungen Fritz hingegen missfiel das kleine Städtchen. Er litt unter Heimweh und der Tatsache, dass er kleiner und schmächtiger war als seine Klassenkameraden. In der Schule herrschte noch strikte Geschlechtertrennung. Statt sich an den üblichen Raufereien zu beteiligen, sammelte er mit einem Schulfreund lieber Briefmarken und Schmetterlinge.

Arbeit, Disziplin und Fleiss

Zeitweise verweigerte Fritz gar den Unterricht. «Meine Mutter war todunglücklich, betete tagtäglich zu Gott, dass es anders werde, denn ihre Schläge nützten nicht.» Im Gegensatz zur Aristokratie zeichnete sich das neue bürgerliche Selbstverständnis durch ein hohes Arbeitsethos aus. Arbeit, Disziplin und Fleiss waren die Fundamente ihres Wohlstands und wurden zu den obersten Geboten eines tüchtigen Geschäftsmannes. Die Realschule, die Fritz Schoellhorn besuchte, war auf diese Prinzipien ausgerichtet. Nicht die althergebrachte, religiös-sittliche Bildung stand im Vordergrund, sondern die Vermittlung von naturwissenschaftlichen und kaufmännischen Kenntnissen. Dies kam dem Jungen nicht ungelegen, denn er hatte ein neugieriges Naturell und wusste sich für die Naturwissenschaften, aber auch die Literatur und Fremdsprachen zu begeistern. Schon früh lernte er Französisch und Englisch, später folgten Italienisch- und Dänischkenntnisse. Das auf Abhärtung ausgerichtete Männerbild hingegen entsprach dem schmächtig gebauten jungen Fritz nicht. Schon früh entdeckte er bei sich selbst eine sanfte, fast schon «weibliche Seite», wie er selbst schrieb, die ihn einerseits faszinierte, aber auch irritierte.

Körperliche Züchtigung war in der Schule keine Seltenheit, und Vater Schöllhorn ermahnte die Lehrer regelmässig dazu, «nur Strenge» walten zu lassen. Fritz sollte so rasch wie möglich ein produktiver Teil des Geschäfts werden – wenn notwendig auch mittels «Tatzen», also Rohrstockhieben auf die Finger, von denen Fritz in der Schule einige einstecken musste, weil er seine Schulhefte manchmal «schludrig» führte. Das Einzige, was diese Strenge vorübergehend zum Verschwinden brachte, war ein Fuhrwerk, unter dessen Räder Fritz 1872 vor den Toren von Ravensburg geriet. Über Wochen mit einem schlecht verheilenden Oberschenkelbruch ans Bett gefesselt, empfing er nun die fürsorgliche Zuwendung seiner Eltern, die ihren kostbaren Schatz mit allen erdenklichen Krämereien überhäuften und heilfroh waren, dass ihr einziger verbliebener Sohn mit dem Leben davongekommen war. An der Wende zum 20. Jahrhundert war es noch keine Selbstverständlichkeit, dass die Kinder ihre Eltern überlebten. Jeder Unfall und jede Infektion war potenziell lebensbedrohlich. Es sollte noch Jahrzehnte dauern, bis die ersten wirksamen Antibiotika die Medizin revolutionierten.

Links: 1876 übersiedelten Johann Georg Schöllhorn (1837–1890) und seine Frau Karoline, geb. Nonnenmacher (1838–1886), mit Sohn Fritz und den beiden jüngeren Schwestern von Waldsee (D) nach Winterthur ins Wohngebäude im Haldengut.

Rechts oben: Das Wohngebäude im Haldengut wurde aufgestockt und das Ökonomiegebäude erweitert, Foto um 1876.

Rechts unten: Bild aus dem Hof der Brauerei um 1882 mit den beiden Schwestern Josephine (zweite von rechts) und Emilie (dritte von rechts).

Zwischen Kreuz, Krug und Kanone

Über seine Eltern schrieb Fritz Schoellhorn, dass ihre eigenen Ansprüche sie daran gehindert hatten, das Leben zu geniessen. Stattdessen waren sie stets Getriebene. Das Verhältnis zu seiner Mutter bezeichnete er als schwierig, obwohl er einräumte, dass er mit seinem temperamentvollen Charakter ihr ähnlicher war als seinem Vater. Die Beziehung zum Vater war ambivalent. Fritz litt unter dessen Abwesenheit und hohen Anforderungen. Er hätte sich von seinem Vater gemeinsame Spaziergänge oder Ausflüge gewünscht. Stattdessen erwartete dieser von ihm, dass er schon im Alter von zehn Jahren Geschäftsbriefe aufsetzen und damit die Früchte seiner teuer bezahlten Schulbildung endlich unter Beweis stellen konnte.

Gleichzeitig sah Fritz in seinem Vater aber auch einen gutmütigen, weltoffenen, fleissigen und grosszügigen Geschäftsmann. Wenn Vater Schöllhorn jemanden als Ehrenmann sah, gab er bereitwillig Kredite aus. Ein Unternehmer, dem er Geld auslieh, war der Winterthurer Haldengutbesitzer Ferdinand Ernst (1819–1875). Als dieser früh verstarb, besiegelte Johann Georg Schöllhorn den weiteren Schicksalsweg der Familiendynastie Schoellhorn, indem er 1875 die Brauerei Haldengut kaufte. Zuerst versuchte Schöllhorn senior zwar noch, zwischen Waldsee und dem gut 100 Kilometer entfernten Winterthur zu pendeln, doch schon nach kurzer Zeit beschloss er, in die Industriestadt auszuwandern.

Dort befand sich die Familie in guter Gesellschaft: Das aufstrebende Winterthur verfügte seit der 1848 gescheiterten Deutschen Revolution über eine wachsende Gemeinde von süddeutschen Handwerkern, Unternehmern und Arbeitern. Diese waren begehrte Fachkräfte, da sie viel technisches Know-how in die Stadt brachten – nicht zuletzt im Bereich des Brauwesens. Viele Schweizerinnen und Schweizer hingegen waren eher industriefeindlich gesinnt, und nicht wenige wanderten lieber aus, als sich in die neue Arbeitswelt zu integrieren. Während die «Schwaben» bei der Winterthurer Arbeiterschicht teilweise auf wenig Zuneigung stiessen, da sie oft zu ihren Vorarbeitern wurden, gab sich das Bürgertum gerne mit ihnen ab.

Fremde Heimat

Dem Umzug nach Winterthur hatten sich alle Familienmitglieder zu fügen. Fritz Schoellhorn kriegte den unerbittlichen Vorwärtsdrang seines Vaters abermals zu spüren: Dieser sorgte dafür, dass sein 13-jähriger Sohn direkt in die dritte Klasse der Sekundarschule einsteigen konnte. Damit war Fritz gut zwei Jahre jünger als seine Kameraden. Sein Lehrer, der spätere sozialdemokratische Stadt- und Regierungsrat Heinrich Ernst (1847–1934), stand ihm wohlwollend gegenüber, und auch in der Klasse fand er sofort Anschluss, auch wenn seine Kameraden ihn ab und an wegen seines schwäbischen Dialekts aufzogen. Ihn störte aber etwas anderes: Er war dort der einzige katholisch getaufte Schüler. «Wie ein räudiges Schaf ausgeschieden wird, musste ich weggehen, wenn die Religionsstunde begann», erinnerte er sich. Wiederholt kam es deswegen zu heftigen Auseinandersetzungen mit seiner Mutter, die nicht nur das Verhältnis untereinander stark belasteten, sondern letztlich dazu führten, dass Fritz sich von der katholischen Kirche abwandte.

Ohnehin entwickelte sich der Umzug für die überzeugte Katholikin Karoline Nonnenmacher zur persönlichen Tragödie. In Württemberg war sie eine angesehene Bauerntochter gewesen, und ihr stattliches Haus in Waldsee hatte sie sehr liebgewonnen. Nun wohnte sie abseits am Rand einer wachsenden Industriestadt, die es ohne die Vororte auf knapp 10'000 Einwohnerinnen und Einwohner brachte, die zu ihrem Leidwesen mehrheitlich reformiert waren. Winterthur und Karoline Nonnenmacher blieben sich fremd. Umso mehr konzentrierte sie sich auf ihre ehelichen Pflichten. Das damalige Idealbild zeichnete eine Bürgersfrau als treue Gefährtin, Mutter, Helferin und Hüterin der Religion. Sie hielt ihrem Mann den Rücken frei, versorgte neben der eigenen Familie auch die Angehörigen der ursprünglichen Brauereifamilie Ernst und die Belegschaft. Dieses Pflichtgefühl reichte so weit, dass sie Mühe hatte, sich von ihren Mägden helfen zu lassen.

Ein reformierter Schwiegersohn

Nicht nur die religiösen Konflikte mit ihrem Sohn bereiteten Karoline Nonnenmacher grossen Kummer, sondern auch Tochter Josephine sorgte für einen Eklat, als sie den reformierten Ingenieur Carl Weinmann (1855–1896) ins Haus brachte, mit dem sie sich verloben wollte. Karoline Nonnenmacher wehrte sich erst hartnäckig gegen diese Ehe, gab dann aber unter dem ständigen Drängen ihres Mannes den Widerstand auf. Bald hatte sie den Eindruck, dass sich ihre ganze Familie gegen sie verschworen hatte. Die Jahre in Winterthur zermürbten sie körperlich wie auch psychisch, und wenn es ihr zu viel wurde, schloss sie sich in ihrem Zimmer ein. Es war ein Zustand, unter dem die ganze Familie litt. Indem die Grosseltern Nonnenmacher auch nach Winterthur übersiedelten, entschärfte sich die Situation ein bisschen. Etwas Trost fand die Mutter in ihrem Garten, bei gemütlichen Ausritten und der Wohltätigkeit.

Noch über den religiösen Maximen der Mutter stand das Geschäft. Anstelle eines Kreuzes war im Esszimmer der Familie stets ein angestochenes Fässchen Bier präsent. Vater Schöllhorn musste geschäftlich bedingt immer häufiger in Wirtshäusern verkehren, und er begann dabei, über den Durst zu trinken. Viele Brauereibetreiber litten unter dem ständigen gesellschaftlichen Druck zum Trinken, und nicht wenige mussten nach einigen Jahren ihrer Leber zuliebe längere Kuraufenthalte auf sich nehmen oder den Posten gar verlassen. Die nach aussen gelebte fröhliche Stimmung des Vaters schlug zuhause immer häufiger ins Gegenteil um.

Fritz seinerseits wuchs in die Brauerei Haldengut hinein und pflegte einen lockeren Umgang mit der Belegschaft. Die Brauerei bildete rein räumlich einen Kosmos für sich, und für die Familie Schöllhorn war sie die Welt. Folgerichtig begann sie nun auch, die berufliche Laufbahn von Fritz zu dominieren: Nach nur zwei Jahren nahm ihn sein Vater aus der Industrieschule in Winterthur und schickte ihn nach Lausanne, um französisch zu lernen und in der Fremde eigenständig zu werden.

Links oben: Fritz Schoellhorn im Alter von 22 Jahren.

Rechts oben: Hanna Ernst zählte zu den wichtigsten Bezugspersonen von Fritz Schoellhorn. Er bezeichnete sie in seinen Jugenderinnerungen als «erste Freundin». Als sie sich 1883 verlobte und das Haldengut verliess, brach sie ihm damit das Herz. Sie blieb stets seine erste grosse Liebe.

Rechts unten: Fritz Schoellhorn hatte eine enge Bindung zu seinem Dienstpferd Bob. Um es zu schonen, kaufte er die kleine Vollblutstute Fairy, womit er der einzige Leutnant in der Offiziersschule mit zwei Pferden war. Der damalige Oberinstruktor und spätere General, Ulrich Wille, erteilte ihm Sonderrechte für seine Stute. Dies führte zu einem Konflikt mit seinem direkten Vorgesetzten, der seine ganze Militärlaufbahn überschatten sollte.

Johann Georg Schöllhorn liess sich 1885 vom Architekten Ernst Jung ein Haus in der Gabelung zwischen der heutigen Theater- und der Lindstrasse bauen.

Nach seinem frühen Tod 1890 übernahm sein Schwiegersohn Carl Weinmann mit Josephine die Villa. Das Gebäude wurde 2007 abgerissen.

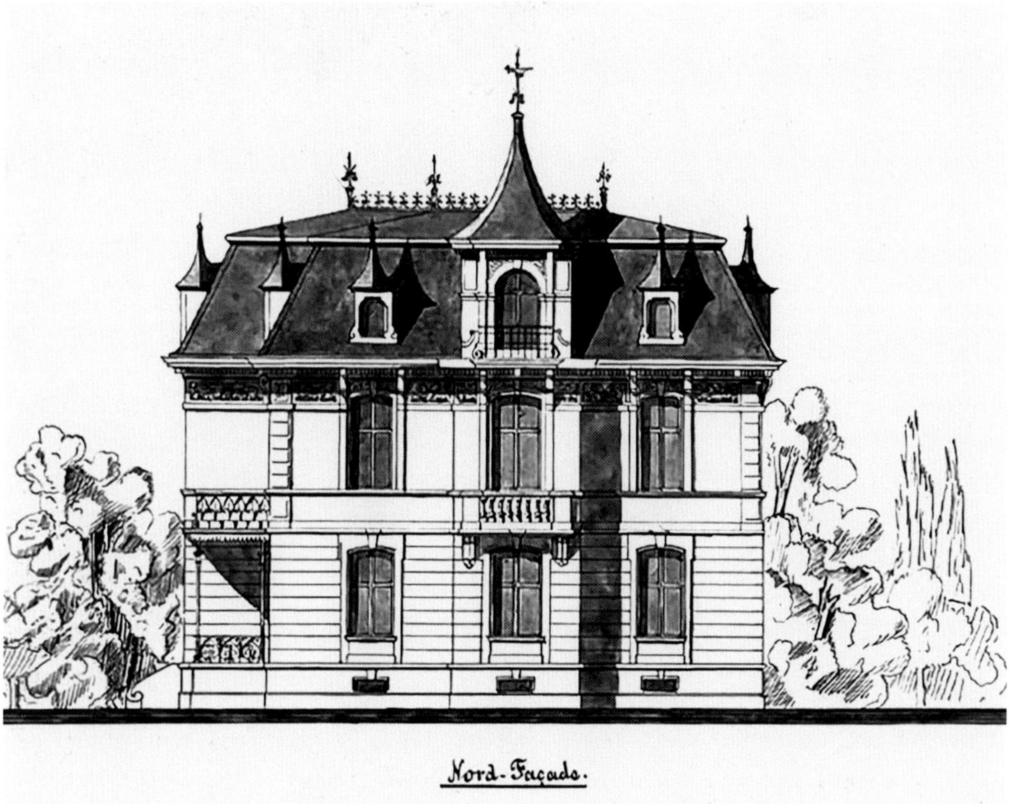

Sohn Fritz baute 1895/96 mit den Architekten Jung & Bridler gleich gegenüber der Lindstrasse die Villa Lindeneck, die heute um einen rückwärtigen Neubau erweitert als Geburtshaus dient.

Die Villa Lindeneck um 1922, am rechten Bildrand das Mälzereigebäude des Haldengutes, darüber das 1906 erbaute Privatkrankenhaus.

Deutsches Herz – Roter Pass

Diese Entscheidung trug Fritz ihm ein Leben lang nach, denn er hielt den Wechsel ins Welschland mitunter für den Grund, weshalb er nie richtig Schweizerdeutsch sprechen lernte, wofür er sich zeitlebens schämte. Sein Vater verbot ihm sogar den Dialekt, weil er sich selbst ganz als Deutscher identifizierte und auch stets in die Heimat zurückkehren wollte. Diese Gesinnung schlug sich auch im Betrieb nieder: Unter Johann Georg Schöllhorn waren in der Brauerei Haldengut überwiegend Landsmänner beschäftigt. Die Selbstidentifikation als Deutscher hielt Schöllhorn senior allerdings nicht davon ab, am 4. Mai 1880 das Einbürgerungsgesuch an die Gemeinde Winterthur für sich und seine Familie zu stellen. Auf diese Weise stellte er sicher, dass sein Sohn dereinst in der Schweiz und nicht im Deutschen Reich militärpflichtig sein würde. Bereits am 15. Mai erhielt er den positiven Bescheid vom Stadtrat unter dem Vorbehalt, dass er auch die stattliche Einkaufsgebühr von 500 Franken bezahlt.

Einbürgerungen waren im 19. Jahrhundert nur eine Formalität. Die Nationenbildung war noch verhältnismässig jung, und überhaupt erschien eine württembergische Familie in Winterthur nicht fremder als Menschen aus anderen Kantonen. Bis nach dem Ersten Weltkrieg pflegte die Schweiz eine liberale Einwanderungspolitik, und so zeichneten sich besonders die Industriestädte durch eine hohe Internationalität aus. Dieser kosmopolitische Anstrich gefiel der einheimischen Elite und nährte ihr Selbstbewusstsein. Es war jene Zeit, in der Winterthur endlich aus dem Schatten von Zürich treten wollte. Deutsche Architekten wie Wilhelm Bareiss (1819–1885) und Gottfried Semper (1803–1879) prägten das Stadtbild nachhaltig, indem sie die Winterthurer Träume in Stein meisselten. Sie bauten das Stadthaus, die damals sensationelle «Badewannenmoschee» (Bade- und Waschanstalt Winterthur) und entwickelten auf dem Reissbrett das Grossstadtquartier Neuwiesen mit der Kirche St. Peter und Paul im Zentrum. Diese glorreichen Zeiten endeten aber jäh, als 1878 die Schweizerische Nationalbahn Konkurs ging und ein massives Loch in die Stadtfinanzen riss.

Bildungshunger

Während Winterthur unter dem Schuldenberg ächzte, war Fritz mit seinen persönlichen Unzulänglichkeiten beschäftigt. So empfand er seine Schulbildung als mangelhaft und unfertig. Mehr als die Tatsache, dass er nie studiert hatte, plagte ihn der Makel, dass er aufgrund der Ausrichtung der Industrieschulen auf kaufmännische Belange kaum mehr in den Genuss von natur- und geisteswissenschaftlichen Fächern kam. Physik, Chemie, aber auch Literatur und Geschichte faszinierten ihn, und er versuchte, das verpasste Wissen mittels Privatunterricht aufzubessern. Für die Musik und Kunst hingegen entwickelte er kein besonderes Talent oder Interesse. Die Kulturstadt Winterthur mit ihren Museen und Orchestern liess ihn mit Ausnahme ausgewählter Künstler, die er als Mäzen unterstützte, mehrheitlich kalt. Ebenso die Politik, für die er sich als Migrantensohn nicht berufen fühlte, da er beobachten konnte, dass deutschstämmige Politiker mit ihrer meist etwas forscheren Art bei den Schweizern nicht immer gut ankamen und auch mit einigen Vorurteilen zu kämpfen hatten.

1879 erklärte sein Vater die Schuljahre für beendet und stellte seinen 16-jährigen Sohn als Buchhalter in seinem Malz- und Getreidehandelsgeschäft ein. Fritz hatte an den Rechnungsbüchern wenig Freude, und er merkte schnell, dass er nicht mit der gleichen Handelsfreude gesegnet war wie sein Vater. Stattdessen interessierten ihn vor allem die technologischen Aspekte des Brauwesens und vermehrt auch Frauen. Mit letzteren tat sich der pubertierende Jugendliche schwer, denn er errötete bei jeder Kleinigkeit. Fritz reifte geistig zum Mann heran, blieb aber körperlich knabenhaft, was ihm einige Mühe bereitete. 1880 leerte sich das Haus, weil seine beiden Schwestern in ein katholisches Töchterinstitut nach Lindau im Breisgau kamen. So suchte Fritz Zerstreuung in der Stadt und trat dem Kadettenkorps Winterthur bei. Dort gehörte der etwas ungelenke und kleine Kadett der «Herdöpfelsektion» an, während seine Klassenkameraden in der «Artillerie» waren.

Verehrte Hanna Ernst

Neben seinen Schulkameraden blieben die Brauereiburschen und die Familie Ernst seine wichtigsten Bezugspersonen. Insbesondere zu der drei Jahre älteren Hanna Ernst, der Tochter des Vorbesitzers, entwickelte er eine innige Beziehung. Sie lebte auf dem Haldengut und half ab 1879 zunächst in der Buchhaltung aus, ehe sie 1880 den Posten ihres abgetretenen Vorgesetzten übernahm. Fritz verliebte sich über beide Ohren in die aufgeweckte und intelligente Hanna Ernst. Sie hingegen sah in ihm eher einen kleinen Bruder, den sie gerne belehrte, ermunterte und tadelte. Die beiden führten eine rege Brieffreundschaft und tauschten sich über die Sorgen und Nöte im Hause Schöllhorn aus. Eine einfache Position hatte Hanna Ernst damit nicht, denn der Hausherrin war keinesfalls entgangen, dass ihr Sohn den Anweisungen des Mädchens stets Folge leistete, während er ihr gegenüber bockig blieb.

Grund zu Tadel gab es für beide Frauen genug, denn Fritz wurde immer aufmüpfiger und sturer. Ausserdem war er mit seiner Arbeit nicht ausgelastet und hatte oft Langeweile. Um seine überschüssige Energie loszuwerden, nahm er Tanzunterricht und trat dem Verein Junger Kaufleute bei. Regelmässig kehrten die jungen Männer in den Wirtschaften zum Ritter und zum Wilden Mann ein. Dort becherten sie ordentlich, spielten Schach oder Karten und versuchten, dem westschweizerischen Schankmädchen Henriette Johannot zu imponieren – wobei Fritz nun seine Schulzeit in Lausanne zugutekam. Für seine Bemühungen belohnte sie ihn mit einem Kuss, der sein erster war. Einmal zog er mit seinen Kameraden auch durch die Strassen, um Schabernack zu treiben. So löschten sie das Licht in den Gaslaternen, entfernten Aushängeschilder oder hoben Gartentürchen aus den Angeln.

Mit seinem Verhalten zog er sich nicht nur wohlwollende Ermahnungen von Hanna Ernst, sondern auch den weit unangenehmeren Zorn seiner Mutter auf sich. Bald war die Beziehung zwischen den beiden derart vergiftet, dass Fritz seinen Vater darum bat, sich weiterbilden zu dürfen, um dem Elternhaus zu entfliehen. Dieser vermittelte ihn 1881 an ein Bankgeschäft in Ulm. In jedem Brief ermahnte er ihn, «brav zu sein und zu sparen». Dieser Drang zur Sparsamkeit war seinem Vater in die DNA geschrieben, und es passte auch zum Geschehen in der Stadt Winterthur. Das Nationalbahndebakel hatte ihm vor Augen geführt, dass die hart erarbeitete Existenz stets bedroht war.

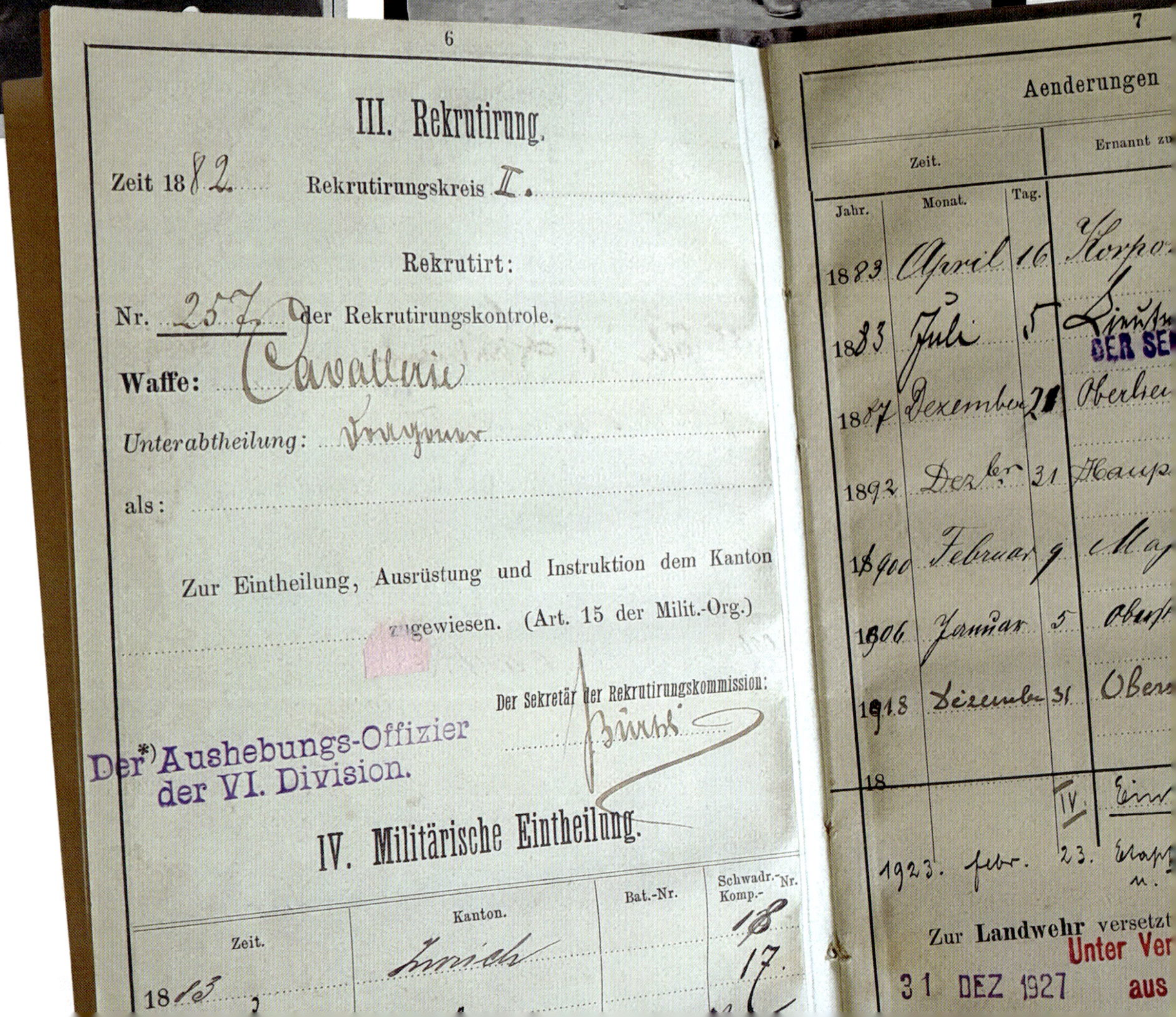

6

III. Rekrutirung.

Zeit 1882 Rekrutirungskreis II.

Rekrutirt:

Nr. 257 der Rekrutirungskontrole.

Waffe: Cavallerie

Unterabtheilung: Dragoner

als:

Zur Eintheilung, Ausrüstung und Instruktion dem Kanton zugewiesen. (Art. 15 der Milit.-Org.)

Der Sekretär der Rekrutirungskommission: Bürki

Der*) Aushebungs-Offizier der VI. Division.

IV. Militärische Eintheilung.

Zeit.	Kanton.	Bat.-Nr.	Schwadr.-Nr. Komp.-
1883	Zürich		18 17

7

Aenderungen

Zeit. Jahr.	Monat.	Tag.	Ernannt zu
1883	April	16	Korpo…
1883	Juli	5	…
1887	Dezember	2…	Oberlieu…
1892	Dez.br	31	Haup…
1900	Februar	9	Ma…
1906	Januar	5	Oberst…
1918	Dezember	31	Ober…
18			
1923.	febr.	23.	

Zur Landwehr versetzt

Unter Ver…

31 DEZ 1927 aus

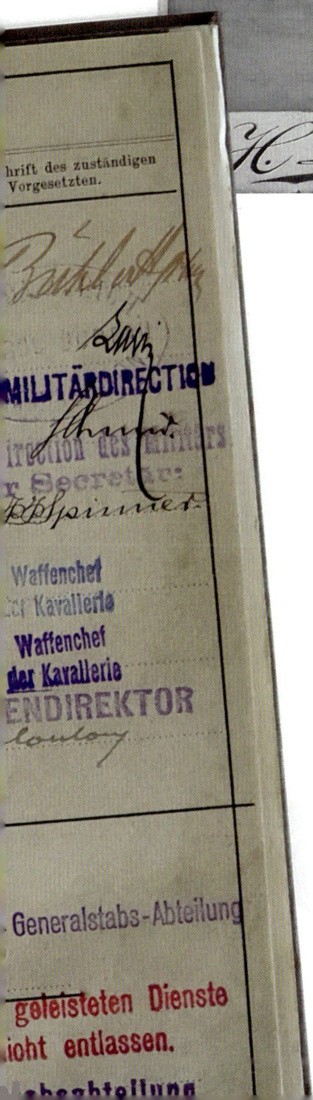

Die Familie Schöllhorn erwarb schon 1880 das Winterthurer Bürgerrecht. Fritz leistete ab 1882 Militärdienst bei der «Cavallerie».

Links aussen: Das Bild als junger Leutnant wurde 1884 in München aufgenommen, als er die Brauerschule in Weihenstephan besuchte.

Links innen: 1888 war Fritz Schoellhorn Oberleutnant. Er liess sich in Genf fotografieren, wo er während zwei Jahren die Brauerei Tivoli führte.

Rechts oben: Die Bilder als Hauptmann, 1892, und Major, 1900, stammen vom Winterthurer Fotografen Hermann Linck.

Unten: Das Dienstbüchlein dokumentiert nicht nur die militärische Karriere und die damit verbundenen Dienstleistungen, es verrät auch, dass Fritz Schoellhorn 169 cm gross war.

Die Freiheit in Ulm

In Ulm lernte Fritz, exakt zu arbeiten, gut zu rechnen und schöner zu schreiben. Er war stets stolz darauf, die elegantere Schrift als sein Vater zu haben. Brav und sparsam war er nicht – im Gegenteil: In sicherer Distanz zum Elternhaus blühte er derart auf, dass er sogleich über das Ziel hinausschoss. Sein neugewonnenes Selbstbewusstsein schlug sich in einem extravaganten Modegeschmack nieder: Der Teenager begann, edle Handschuhe zu tragen, schmückte sich mit seidenen Pochetten und besorgte sich einen «Zwicker» – also eine bügellose Brille mit Fensterglas. Schon bald wurde Fritz auf der Strasse als «eitler Geck» beschimpft. Tief getroffen entledigte er sich all der modischen Accessoires und kleidete sich fortan in einen militärisch strengen Jägerrock, trug Reitstiefel und führte eine Reitgerte mit, obwohl er häufig gar nicht zu Pferd unterwegs war. Dieses puristisch strenge Auftreten sollte er fortan beibehalten. Solche kleinen Episoden verdeutlichen, wie sich Fritz Schoellhorn auf der Suche nach seiner eigenen Identität stets den damaligen gesellschaftlichen Konventionen unterordnen und seine persönlichen Bedürfnisse und Interessen zurückstecken musste – nichts Geringeres wurde von einem Bürgerssohn erwartet.

In Ulm feierte Fritz Schoellhorn am 19. Oktober 1881 seine Volljährigkeit. Die meisten seiner Kameraden traten nun in den Militärdienst ein. Er selbst verfügte noch nicht über die dafür notwendigen Körpermasse, stattdessen kommandierte ihn sein Vater nach Hause. Die Geschäfte mit der Brauerei Bavaria in St. Gallen, die er ebenfalls mit Malz belieferte, entwickelten sich derart schlecht, dass Johann Georg Schöllhorn abermals eine Übernahme erwog und sich persönlich vor Ort einen Überblick verschaffen wollte. Einige Monate später sollte er die Brauerei kaufen. In der Krise hielt die Familie zusammen, und der Vater begann, seinen Sohn immer mehr in die Geschäfte einzubinden. So nahm er Fritz 1882 mit nach Wien, Ungarn und Mähren (heute Tschechien), um Gerste und Malz zu besorgen. Vater Schöllhorn gehörte zu den ersten Händlern, die mährisches Malz in die Schweiz importierten, was er mit dem Brauen eines «echten Wiener Märzbieres» in den Zeitungen auch besonders hervorheben liess.

Einfach schien die gemeinsame Zeit auf Reisen nicht gewesen zu sein. Regelmässig suchte Fritz Rat bei Hanna Ernst im Umgang mit seinem Vater, und diese antwortete: «Ist seine Stimmung eine kritische, so bezähmen Sie Ihr lebhaftes Temperament, verhalten Sie sich ruhig und vermeiden Sie es durchaus, durch Blicke oder Mienen, geschweige denn durch Worte Ihr Missfallen kundzugeben. Sie sind sein Sohn, und Kinder dürfen die Eltern nicht kritisieren und wenn sie noch so sehr im Recht wären! – Vergessen Sie nie, Fritz, dass er Ihnen zuliebe alles tut und wie viel Sie ihm zu danken haben.» Im Falle seines Vaters zügelte er tatsächlich sein Temperament, obwohl es ihm schwerfiel, sich zurückzuhalten, wenn er sich im Recht wähnte – und das tat er oft.

Von Schöllhorn zu Schoellhorn

Nach seiner Rückkehr besuchte Fritz Schoellhorn die Rekrutenschule für Kavalleristen in Thun. Er stieg erst zum Offizier des Dragoner-Regiments auf. Es sollte eine Karriere bis zum Rang eines Oberst folgen. Im Dezember 1883 konnte Fritz Schoellhorn zum ersten Mal sein Wahlrecht ausüben. Kurze Zeit später entledigte er sich im «ominösen Haus Nr. 148 an der Museumsstrasse» seiner Keuschheit. Damit war er nun «Mann» geworden. Fritz entsprach jetzt vollends den etablierten Vorstellungen eines wehrhaften, arbeitsamen und freiheitsliebenden Schweizerbürgers. Ebenso war er trinkfest, wie es sich für einen Kavalleristen gehörte. Im Gegensatz zu seinem Vater mied er den Tabakkonsum, und auch am unter Männern verbreiteten Glücksspiel fand er keine Freude. Er trat der Offiziersgesellschaft bei und präsidierte bald den Kavallerie-Verein Winterthur. Seinen Vater beeindruckte er damit nicht – im Gegenteil: Das «Militarisieren» missfiel ihm. Vater Schöllhorn hatte sich in den 1850er-Jahren in Württemberg von der Wehrpflicht losgekauft und war so den Kriegen in seiner Heimat entgangen. Für ihn war der Militärdienst ohnehin ein Übel, weil dadurch Arbeitskräfte freigestellt werden mussten. Im Falle seines Sohnes fürchtete er zudem, dass er von seinen Kameraden schlecht beeinflusst werden könnte.

So ermahnte er ihn, kein «Geldverdampfer» zu werden, sondern bei «den Ausgaben Kaufmann, kein Schwindler und Grosstuer» zu sein. Statt in einer Uniform herumzustolzieren, sollte Fritz sich im Geschäft beweisen: Am 15. Januar 1884 erteilte er ihm die geschäftliche Vollmacht für sein Malzgeschäft, die Brauerei Haldengut und die Brauerei Bavaria in St. Gallen. Damit setzte er sehr viel Vertrauen in seinen 21-jährigen Erben. Im Unterschied zu seinem Vater schrieb sich Fritz fortan Schoellhorn statt Schöllhorn.

«Tu erst das Notwendige, dann das Nützliche»

Diesen Ausspruch hatte Hanna Ernst dem jungen Fritz in einem Brief nahegelegt. Seine Jugendliebe hatte inzwischen geheiratet und die Brauerei verlassen. Trotz Herzschmerz hielt Fritz die Brieffreundschaft aufrecht. Gegen Ende der 1880er-Jahre folgten betrieblich schwere Zeiten: Qualitätsmängel führten zu empfindlichen Absatzeinbussen beim Haldengutbier, und auch die Brauerei Bavaria kriselte vor sich hin. Hinzu kam die Brasserie de la Bâtie in Genf, die ebenfalls Defizite schrieb und immer grössere Schulden bei Vater Schöllhorn anhäufte, der sie mit Malz belieferte. Wenn es dem Geschäft schlecht ging, dann ging es auch der Familie schlecht. Angesichts notorisch auftretender Probleme mit dem Brauprozess erachtete es Fritz als eine Notwendigkeit, eine brautechnische Ausbildung zu absolvieren. Sein Vater stellte ihn ein halbes Jahr frei, damit er als Hospitant das zweite Semester des Brauereilehrgangs an der damals führenden Brauerschule Weihenstephan in Freising (Bayern) besuchen konnte. Er erwies sich als eifriger und engagierter Schüler.

Folgeseite: Um Guthaben aus seiner Handelstätigkeit zu retten, entschloss sich Johann Georg Schöllhorn, 1882 auch die Brauereien Bavaria in St. Gallen und Tivoli in Genf zu übernehmen.

1888 gründete er die Aktiengesellschaft Vereinigte Schweizer Brauereien, in die er die Firmen Ernst & Schöllhorn (Brauerei Haldengut) und die Betriebe in St. Gallen und Genf einbrachte.

Dieses Werbeplakat zeigt die drei Brauereien um 1888.

VEREINIGTE SCHW
ACTIENGES
Export-
Lager-
und
Flaschen-
Bier
ST. GALLEN
BRASSERIES R
SOCIÉTÉ

IZER BRAUEREIEN
LLSCHAFT
GENÈVE
Bière en Fûts et en Bouteilles
UNIES SUISSES
NONYME

Das Nachtleben in Weihenstephan

Der junge Offizier nutzte den Aufenthalt in der Ferne aber auch, um das lokale Nachtleben zu erkunden. Junge Männer standen in Konkurrenz um die besten Damenbekanntschaften. Dabei hatte Fritz Schoellhorn einen entscheidenden Nachteil, wie aus einem geharnischten Brief an eine Tänzerin hervorgeht: «Ihr ganzes Wesen gefiel mir jedoch ganz wider Erwarten, obwohl Sie nicht gerade Schmeichlerin für mich waren. Sie glauben nicht, wie peinlich sich ein junger Mann berührt fühlt, wenn man ihn unterschätzt! Genau wie Damen verletzt sind, wenn man sie für älter hält, genau so geht es Herren, wenn man sie für jünger hält und damit bekundet, dass man eigentlich wenig Respekt vor ihnen hat.» Die Sittlichkeitsvereine, die in der gleichen Zeit entstanden, arbeiteten sich derweil lieber eifrig an den «gefährdeten Mädchen» ab, als die männliche Sexualmoral zu hinterfragen. Im Kontext dieser Verhältnisse erstaunt es nicht, dass Fritz Schoellhorn keine Mühe hatte, seine Schwärmereien in Gedichten, aber auch in seinen Lebenserinnerungen und Reiseberichten – die er notabene seiner Gemahlin, Töchtern und Enkeln gewidmet hatte – ziemlich viel Raum zu schenken.

Während er 1886 seine Zeit als Adjutant im Militär mal mehr und mal weniger im Sinne der Notwendigkeit verbrachte, erreichte ihn ein Telegramm aus Winterthur. Seine Mutter war schwer erkrankt und rief ihn zu sich nach Hause. Noch auf dem Sterbebett machte sie sich Sorgen wegen der «antireligiösen» Einstellung ihres Sohnes und wollte sich aussprechen. Die letzte Gelegenheit für eine Versöhnung verpasste er jedoch, weil sein Vorgesetzter ihn aus Willkür und Hartherzigkeit – wie Fritz meinte – für den fraglichen Sonntag nicht aus dem Dienst entliess. Nur wenige Tage später starb seine Mutter im Alter von 48 Jahren. Die jüngste Tochter Emilie, die ihre Mutter bis zum Schluss gepflegt hatte, nahm ihren Platz im Haushalt ein. Vater Schöllhorn ehrte das Andenken an seine Gattin, indem er der katholischen Kirchgemeinde, dem Verein für arme Wöchnerinnen, dem Ferienkolonieverein, dem freiwilligen Armenverein, dem deutschen Hilfsverein und auch ihrer Heimatgemeinde grosszügige Spenden entrichtete. Die Familie Schoellhorn sah sich ganz dem christlichen und bürgerlichen Ideal verpflichtet und tätigte immer wieder grössere wohltätige Spenden, wovon viele in Winterthur profitierten.

Expansion ins Welschland

Im selben Jahr ersteigerte Johann Georg Schöllhorn die Brasserie de la Bâtie in Genf, die er in Brasserie Tivoli umbenannte. Eigentlich hatte er wenig Lust auf eine Expansion ins Welschland, denn er selbst verstand kein Wort Französisch. Dennoch witterte der unermüdliche Unternehmer abermals Erfolgschancen – doch dieses Mal verkalkulierte er sich gewaltig. Die nur halb fertiggestellte Brauerei war baulich und wirtschaftlich in einem desolaten Zustand und das Bier schlecht. Nun geriet Johann Georg Schöllhorn an seine Grenzen, und so musste Fritz, der gerade ein Brauereipraktikum in München absolvierte, alles stehen und liegen lassen, um in Genf auszuhelfen. Als er die Geschäftsbücher überprüfte, musste er feststellen, dass der Buchhalter erhebliche Summen veruntreut hatte. Angesichts dieser Notlage entschloss er sich, auf seine ursprünglich geplante Studienreise nach England und Amerika, mit der er seine Brauerlehrjahre abgeschlossen hätte, zu verzichten und stattdessen die Leitung in Genf zu übernehmen. Fritz Schoellhorn erlebte somit einen Kaltstart als Brauereibetreiber und sollte viel Lehrgeld bezahlen. Was schief gehen konnte, ging schief: Die Arbeit in der maroden Brauerei war gefährlich und die Mitarbeitenden unzuverlässig – Unfälle häuften sich. Mal brachen die Räder der Fuhrwerke, oder die Bierfässer zersprangen beim Abfüllen. Erschwerend kam hinzu, dass sich die Brauerei während dem Eidgenössischen Schützenfest von 1887 direkt in der Schusslinie befand und ab und an von Querschlägern getroffen wurde. Im Januar 1888 kam es auch noch zu einem Felssturz, der einen Teil der Brauereiwirtschaft zerstörte.

Es folgte ein langwieriger Rechtsstreit mit dem Kanton um die Wiederherstellung des Hauses. Gleichzeitig musste Fritz Schoellhorn auch noch den Braumeister entlassen, weil dieser vergass, dem Sud Hefe hinzuzufügen. Als ob dies alles nicht schon genug Ärger bereitet hätte, hagelte es auch noch Vorwürfe von seinem Vater. Er entgegnete ihm in einem Brief: «Gewiss alles, was ich hier und überhaupt getan, tue ich in der Meinung, es sei gut und zweckmässig. Unfehlbar ist niemand und wird nie jemand sein.» Das Schicksal zeigte keine Gnade mit dem jungen Direktor: Stattdessen wurde er von einem herunterfallenden Stein so schwer am Kopf getroffen, dass er für mehrere Wochen ausser Gefecht gesetzt war. In dieser Zeit brachte es sein neuer Braumeister fertig, das Bier durch eine schimmlige Filtermasse zu giessen, was bei den Abnehmern auch nicht gerade auf Begeisterung stiess. Einziger Lichtblick in dieser schweren Zeit war die lokale Freimaurerloge, die er auf Einladung eines Bekannten zum ersten Mal besuchte. Dieses Engagement sollte er 1892 in Winterthur als Mitglied der Loge Akazia fortsetzen. Die drei Brauereien in St. Gallen, Genf und Winterthur waren stete Unruheherde. Anstatt proaktiv vorausplanen und ihre Visionen umsetzen zu können, mussten Vater und Sohn ständig auf die sich verändernden Umstände und Probleme reagieren und Schadensbegrenzung betreiben. Es handelte sich um ein äusserst kräftezehrendes Los, das beide psychisch und körperlich belastete. Bald gelangte Johann Georg Schöllhorn zur Einsicht, dass es so nicht weitergehen konnte. Er beauftragte daher seinen Sohn damit, einen Plan für die Gründung einer Aktiengesellschaft vorzubereiten.

Zwischen «Dividendengülle» und Kerzenschein

Am 21. März 1889 fand die konstituierende Generalversammlung der von Johann Georg Schöllhorn gegründeten Aktiengesellschaft Vereinigte Schweizer Brauereien im Verwaltungsgebäude der Bank Winterthur an der Stadthausstrasse 18 statt. Der Name war inspiriert von den Vereinigten Schweizerbahnen. Das Aktienkapital wurde auf 1'500'000 Franken festgesetzt, die sich in 3000 Aktien à 500 Franken aufteilten. Johann Georg Schöllhorn übernahm davon 1500, die Schweizerische Unionsbank in St. Gallen 935 und die Bank in Winterthur rund 565. Der erste Verwaltungsrat bestand aus sieben Personen, die auch die geografische Verteilung der drei Brauereien repräsentierten: Als Verwaltungsratspräsident stellte sich der ehemalige Winterthurer Stadtschreiber und Advokat Hans Knüsli (1841–1921) zur Verfügung, während Johann Georg Schöllhorn kürzertrat und sich mit dem Vizepräsidium begnügte. Das Gremium wählte den 25-jährigen Fritz Schoellhorn zum technischen und kaufmännischen Direktor aller drei Betriebe. Als Unterstützung stand ihm ein leitender Ausschuss zur Seite, dem Hans Knüsli und Hans Ernst angehörten. Vor Ort waren es die Braumeister, die dafür zu sorgen hatten, dass der Betrieb funktionierte.

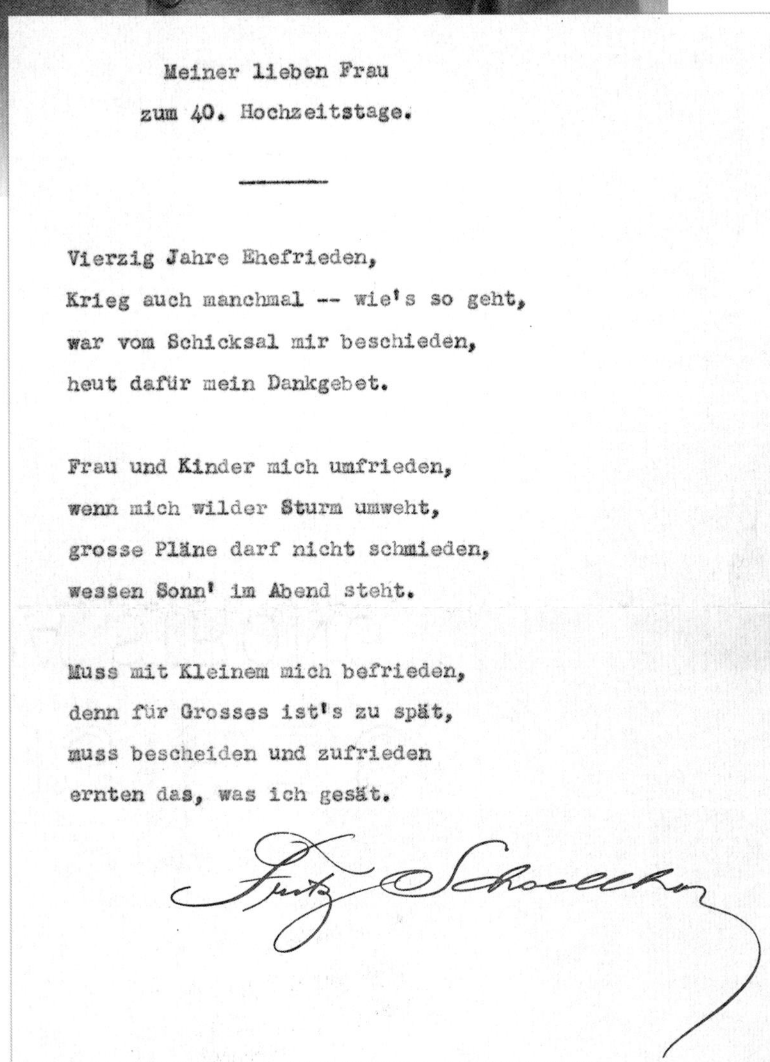

Meiner lieben Frau

zum 40. Hochzeitstage.

Vierzig Jahre Ehefrieden,
Krieg auch manchmal -- wie's so geht,
war vom Schicksal mir beschieden,
heut dafür mein Dankgebet.

Frau und Kinder mich umfrieden,
wenn mich wilder Sturm umweht,
grosse Pläne darf nicht schmieden,
wessen Sonn' im Abend steht.

Muss mit Kleinem mich befrieden,
denn für Grosses ist's zu spät,
muss bescheiden und zufrieden
ernten das, was ich gesät.

Fritz Schoellhorn

Oben und rechts: Fritz Schoellhorn (1863–1933) mit seiner Frau Lilly geb. Sträuli (1868–1933). Das Bild oben zeigt das Paar im Jahr ihrer Heirat 1890, das rechts ist von 1927.

Linke Seite unten: Fritz Schoellhorn war Verfasser vieler Gedichte, die er privat auch als Gedichtbändchen drucken liess. Das Gedicht für seine Frau zum 40. Hochzeitstag findet sich im Jahr 1930 in einem Büchlein, das gemäss seinem letzten Wunsch nach seinem Tod von einem Freund publiziert wurde.

Schwieriger Start als Geschäftsleiter

Die Anfänge der neuen Aktiengesellschaft waren alles andere als einfach. Das Unternehmen startete in eine Saison, die von einer aussergewöhnlich guten und reichen Obsternte geprägt war, was sich negativ auf den Bierabsatz auswirkte. Die Bank in Winterthur hatte Mühe, ihre Aktien zum festgelegten Preis von 620 Franken abzusetzen und verkaufte deshalb das gesamte Paket mit sattem Gewinn an die Unionsbank in St. Gallen. Johann Georg Schöllhorn schäumte vor Wut, denn er hatte die Bank nur hinzugezogen, um sein Geschäft in Winterthur besser zu verankern. Gleichzeitig folgte ein langwieriger Streit mit beiden Banken, weil sie sich weigerten, sich an den Gründungskosten zu beteiligen. Neben den internen Querelen produzierten die drei Brauereien auch noch regelmässig schlechtes Bier. In Winterthur zog die neu gegründete Aktiengesellschaft sofort den Spott der Abnehmer auf sich. «Aktienbrühe», «Dividendengülle» und «Halbengutbier» bis hin zu «Brasseries Ruinées Suisses» waren geläufige Verballhornungen, die dem jungen Direktor zu Ohren kamen. Er selbst witterte hinter diesen Agitationen konkurrierende Bierbrauereien. Der Geschäftsgang der ersten Jahre blieb unter den Erwartungen, und die Unzufriedenheit der Aktionäre stieg.

Auch Fritz Schoellhorn war nicht glücklich. Durch den harten Konkurrenzkampf zählte es zu seinen wichtigsten Aufgaben, Gastwirtschaften unter Vertrag zu nehmen und so den Absatz zu sichern. So musste er viel Zeit mit dem Besuch der verschiedenen Wirtschaften verbringen, was ihm persönlich wenig zusagte und ihn auch von anderen betrieblichen Verpflichtungen abhielt. Die Brauereien stellten zusätzlich jeweils «Bierreisende» an, also Aussendienstmitarbeitende, die ebenfalls interessierte Wirtinnen und Wirte besuchten. Um sie an sich zu binden, gewährte die Aktiengesellschaft Vereinigte Brauereien ihnen regelmässig grosszügige Darlehen für die Einrichtung der Wirtschaft oder als Startkapital. Im Gegenzug verpflichteten sie sich dazu, nur Haldengutbier auszuschenken. Das war die gängige Praxis in der Schweiz.

Netzwerk von Haldengut-Wirtschaften

Auf diese Weise entstand ein ganzes Netzwerk von Haldengut-Wirtschaften, die Fritz Schoellhorn bald mit einem entsprechenden Schild kennzeichnen liess. Immer wieder sah sich die Brauerei aus Angst vor der Konkurrenz dazu genötigt, auch schlecht aufgestellte Wirtschaften mit Darlehen zu unterstützen, um die Platzhoheit zu sichern. Dieses Geschäftsmodell war mit einigen Risiken behaftet, und nicht selten musste die Brauerei in Konkurs gegangene Wirtschaften übernehmen, um keinen Totalverlust hinnehmen zu müssen. Allein Johann Georg Schöllhorn hatte 17 solche Vertragswirtschaften, an denen er mit seinem eigenen Vermögen beteiligt war. Die Aussendienstmitarbeitenden wussten um ihren Wert, und einige nutzten dies schamlos aus, indem sie sich auf Kosten der Firma teure Verhandlungsgespräche in gehobenen Etablissements leisteten und alle möglichen Spesen fabrizierten, die im Verwaltungsrat für rote Köpfe sorgten. Während die Geschäfte immer wieder Anlass zu Sorge und Ärger boten, musste Fritz Schoellhorn nebenher auch noch an seiner Familienplanung arbeiten. Ein Geschäftsmann brauchte eine Frau und männliche Nachkommen. Seine Wahl fiel auf die Winterthurer Kerzen- und Seifenfabrikantentochter Lilly Sträuli (1868–1933).

Der Name Sträuli war Fritz Schoellhorn schon als junger Knabe bekannt, da der damalige Oberrichter Emil Sträuli als Vormund der Kinder von Ferdinand Ernst am Abschluss des Kaufvertrags beteiligt gewesen war. Als Kind fand Fritz den Namen Sträuli «wiest», wie man in Württemberg sagte. Nach der Übernahme bezog die Brauerei Haldengut von der Kerzenfabrik Johann Sträuli jeweils erhebliche Mengen von Unschlittkerzen. Diese wurden aus billigem Talg industriell gefertigt und dienten bis zur Elektrifizierung während den dunklen Wintermonaten zur Beleuchtung der geschäftlichen, aber auch privaten Räume. Was romantisch anmutet, war es ganz und gar nicht, denn die Kerzen russten stark und verströmten einen ranzigen Geruch. Dies galt in noch viel grösserem Masse für die Kerzenfabrik selbst, die zentral auf dem Gelände des heutigen Stadttheaters stand und während dem Ablassen der Druckbehälter derart weiträumig die Luft verpestete, dass sogar der Direktor der Brauerei Haldengut die Nase rümpfen musste – eine wirklich «wieste» Angelegenheit. Tragisch hingegen war der Brand der Seifenfabrik Sträuli im Jahr 1883. Nicht in der Lage zu helfen, schaute Fritz dem schaurigen Spektakel vom Friedhof St. Georgen aus zu.

Erste Pandemie der modernen Welt

Die reformierte Hochzeit in der Stadtkirche wurde auf den 6. Mai 1890 angesetzt. Nur einige Monate, bevor der Bund der Ehe geschlossen werden konnte, kam es für Fritz am 22. Januar 1890 zu einem tiefen Einschnitt. Bis in die 1890er-Jahre war die Welt dank dem Siegeszug der Eisenbahn zusammengerückt. Güter und Personen verkehrten in bisher ungekanntem Tempo quer durch Europa. Diese Entwicklung schuf aber auch Raum für ungebetene Passagiere, namentlich Viren. Zwischen 1889 und 1895 erlebte die moderne Welt ihre erste Pandemie, die Russische Grippe. Innert weniger Monate erkrankten in der Schweiz schätzungsweise 900'000 Menschen an einer aggressiven Grippe, die ihre Opfer binnen weniger Tage mit heftigen Kopf- und Gliederschmerzen, Fieber, Übelkeit und Erbrechen darniederwarf und im ungünstigsten Fall auch die Lungen befiel.

Vermutlich zählte der erst 52-jährige Johann Georg Schöllhorn zu den 2642 Grippetoten, die die Schweiz zu beklagen hatte. Sein Tod traf die Familie unerwartet, und auch für das Unternehmen war es ein herber Rückschlag, seinen Gründer und Hauptaktionär nach nur zehn Monaten zu verlieren. Fritz verlor nicht nur seinen Mentor, sondern er musste sich auch mit Erbschaftsstreitigkeiten herumschlagen. Seine beiden Schwager, der Winterthurer Ingenieur Carl Weinmann und der Münchner Brauereibesitzer Eugen Thomass, waren dem Winterthurer Unternehmen gegenüber skeptisch eingestellt und drängten dazu, die Aktien zu verkaufen. Rat und Rückhalt fand Fritz Schoellhorn hingegen bei seinem Schwiegervater Karl Sträuli-Haggenmacher, der zeitlebens eine wichtige Bezugsperson für ihn war. Es entwickelten sich freundschaftliche Familienbande, und auch geschäftlich wussten die beiden von ihren Nöten und Sorgen, halfen sich zeitweise aus und bürgten sogar füreinander.

Fritz Schoellhorn verbrachte mit seiner Familie viel Zeit in Klosters im Prättigau, wo er 1898/99 das Châlet Madrisa bauen liess.

Oben: Auch ins Ausland reiste Fritz Schoellhorn, hier auf dem Maulesel 1907 in Ägypten.

Unten: Die Familie unternahm grössere und kleinere Ausfahrten mit den aufkommenden «Automobilen».

Angegriffene Nerven

Eine grosse Bürde waren die 17 Wirtschaften seines Vaters, die aus steuerlichen Gründen nicht in die Aktiengesellschaft übertragen werden konnten. Fritz Schoellhorn übernahm das gesamte Immobilienpaket. Damit fuhr er aber aufgrund des teuren Unterhalts und der Verwaltung erhebliche Defizite ein, während die Brauerei weiterhin vom gesicherten Absatz profitierte. Gleichzeitig löste die Erbschaft Spannungen mit seinen Schwestern aus, weil er vom «Sohnsvorteil» Gebrauch machte. Dabei handelte es sich um eine alte, ursprünglich aus der Landwirtschaft stammende Erbrechtsklausel, die den Söhnen ein Vorrecht auf Liegenschaften einräumte. Im städtischen Kontext war sie hochumstritten. Die ganze Situation setzte dem jungen Mann zu, und so musste er, noch bevor er Lilly Sträuli heiraten konnte, wegen angegriffener Nerven einen Erholungsaufenthalt einlegen. Für seine Verlobte war dies ein Vorgeschmack auf die Bürden des Ehelebens.

Fritz Schoellhorn musste nun seinen eigenen Weg gehen. Wie viel Druck dabei auf seinen Schultern lastete, zeigte sich unter anderem dadurch, dass er stets mit einer angegriffenen Gesundheit zu kämpfen hatte. So wurden regelmässige Kuraufenthalte in Karlsbad und Klosters zu einem festen Bestandteil seines Lebens, da er immer wieder an Mandelentzündungen, Nervenschwäche und anderen Gebrechen litt. Dennoch blieb ihm nichts anderes übrig, als in seine Rolle als Patron und Familienoberhaupt hineinzuwachsen: 1891 kam Fritz Georg, 1892 Hans Karl und 1894 Kurt Emil auf die Welt. Die rasch grösser werdende Familie hatte bald keinen Platz mehr im Bürogebäude der Brauerei, und so liess Fritz Schoellhorn 1895 durch seinen Kameraden Otto Bridler eine Backsteinvilla errichten – die Villa Lindeneck. Dann wurde 1896 Hanna Lilly geboren und 1900 Else Frida. Zum jungen Haushalt gehörten darüber hinaus noch eine Wiener Köchin, ein Zimmermädchen, zwei graue Katzen, eine graue Ulmer Dogge und zwei Reitpferde.

Lilly Schoellhorn-Sträuli, die während der ersten Ehejahre fast durchgehend schwanger war, übernahm die Pflichten der Hausherrin und kümmerte sich um die Versorgung der Kinder und der Belegschaft. Dabei trieben schwere Kinderkrankheiten die Familie um und belasteten das Eheleben. Um seine Frau zu entlasten, bestand Fritz darauf, ihr ein Hausmädchen zur Seite zu stellen. Lilly Schoellhorn-Sträuli war wenig begeistert und beklagte sich in einem Brief an ihre Schwester: «Nun will Fritz doch eine Französin zutun. Ich weiss nicht, was ich sagen muss? Mir gefällt es nicht, eine 3. Person ins Haus zu nehmen, doch ich muss tun, was Fritz will, sonst ist er nicht zufrieden, und das ist mir doch nur die Hauptsache, meinen lieben Fritz glücklich und zufrieden zu wissen [...].»

Zwischen Winterthur, Genf und St. Gallen

Zufrieden war Fritz Schoellhorn in dieser Zeit selten, denn es gab auch ausserhalb der Familie reichlich Anlass für Sorgenfalten. Zwar sass er in der Aktiengesellschaft trotz schwierigen Geschäftsgängen sicher im Sattel, doch er wurde zunehmend zwischen den Bedürfnissen der drei Brauereistandorte und dem Malzgeschäft zerrieben. Gerade weil die Brauerei Tivoli das grösste Sorgenkind der Gesellschaft war, musste Fritz häufig zwischen Winterthur und Genf pendeln. Dies zehrte an seinen Kräften. So bat er den Verwaltungsrat darum, einen Subdirektor für das Tivoli einzustellen. Gleichzeitig liquidierte er das Malzgeschäft seines Vaters.

Auch in St. Gallen galt es, Brandherde im Keim zu ersticken: So ging dort plötzlich das Gerücht um, dass in einem der Weiher, aus denen die Brauerei Bavaria ihr Wasser bezog, eine Leiche gefunden worden sei. Fritz Schoellhorn reagierte auf diese unwahre Behauptung mit einem Zirkular an alle regional tätigen Wirte und stellte die Sache richtig. Solche Angriffe auf den guten Ruf des Unternehmens hatten ein erhebliches Schadenspotenzial und waren eine ernste Angelegenheit. Es ist nicht auszuschliessen, dass konkurrierende Brauereien hinter den Gerüchten steckten, wie auch Schoellhorn vermutete. Um diesen nicht in die Karten zu spielen, legte er in seinen Betrieben sehr viel Wert auf ein anständiges Auftreten seiner Mitarbeitenden.

Alkohol auf dem Kutschbock

Im Zentrum seiner Aufmerksamkeit standen vor allem die Fuhrmänner und später auch die Lastwagenchauffeure. Diese waren nämlich häufig in schwere Verkehrsunfälle verwickelt. So überrollte beispielsweise 1881 der Fahrknecht Fridolin Keller beim Wiesengrund einen jungen Bäcker mit dem Fuhrwerk und verletzte ihn tödlich. Das Gericht verurteilte Keller wegen fahrlässiger Tötung zu einer Busse von 200 Franken. Ausserdem musste er die Witwe entschädigen und ihre erst zweijährige Tochter bis zum 16. Altersjahr finanziell unterstützen. Um solche Unfälle zu vermeiden, verfasste Fritz Schoellhorn ein Reglement für die Bierführer, wo er unter anderem darauf hinwies, dass diese doch möglichst auf den Genuss von Alkohol und auch auf das Schlafen auf dem Bierwagen verzichten sollten.

Kaum schien ein Problem gelöst, folgte auch schon das nächste Drama: In der Wirtschaft Brasserie Bavaria, die zur Brauerei Tivoli gehörte und ein beliebtes Tanzlokal war, erschoss am 31. März 1892 ein kurz zuvor gekündigter 23-jähriger Kellner den Wirt und die Direktorin der Tanzgruppe. Danach richtete er die Waffe auf sich selbst. Die Tat entpuppte sich als Eifersuchtsdrama und löste in der Gemeinde Plainpalais grosse Betroffenheit aus. Das Ereignis dominierte wochenlang die Lokalzeitungen und beschäftigte auch den Verwaltungsrat. Das eigentliche Problem für die Aktiengesellschaft war nicht der Mord, sondern die Tatsache, dass die Genfer Polizei danach nicht mehr gewillt war, den nun definitiv in Verruf geratenen «Tingeltangel-Betrieb» weiterhin zu bewilligen. Damit brach ein wichtiger Absatzmarkt weg.

Lilly Schoellhorn-Sträuli mit den Töchtern (von links) Hanna (1896) und Else (* 1900) in der Villa Lindeneck.*

Hanna heiratete den späteren Stadtpräsidenten Hans Widmer und ist die Mutter von Urs Widmer (1927–2018), der von 1966 bis 1990 ebenfalls Stadtpräsident war.

Auch Else heiratete und lebte weiterhin in der Villa Lindeneck.

Oberst Fritz Schoellhorn mit den Söhnen (von links) Georg (1891), Hans (* 1892) und Kurt (* 1894).*

Georg als kaufmännischer und Kurt als technischer Direktor leiteten nach Fritz Schoellhorn bis in die 1960er-Jahre die Brauerei Haldengut.

Hans wurde Kunstmaler und gestaltete als Grafiker u. a. Werbung für Haldengut, Schweizer Bier oder den Zirkus Knie, mit dem er viel unterwegs war.

Vom Unruheherd zum Inferno

Neben den ständigen Darlehensgesuchen der Wirtinnen und Wirte und den Pannen in den Brauereien musste der Direktor auch seine Belegschaft bei Laune halten. Kurz vor der Jahrhundertwende arbeiteten etwa 25 «Burschen» für die Brauerei Haldengut. Diese meist ledigen Männer standen als Brauer, Küfer, Bierführer, Heizer, Zimmermänner, Maurer, Maschinisten und Gärtner im Einsatz und wohnten auf dem Firmenareal. Die Arbeitszeit betrug 11 Stunden. Während den Sommermonaten ertönte die Fabrikpfeife schon um fünf Uhr morgens, im Winter eine Stunde später. Weil diese allerdings nicht nur die Belegschaft, sondern auch die armen Kranken im nahegelegenen Kantonsspital aus den Federn riss, liess Fritz Schoellhorn sie bald verstummen.

Fritz Schoellhorn legte Wert auf eine reichhaltige Verpflegung, und so gab es zum Frühstück jeweils Suppe und Milchkaffee mit Zucker, zum Mittagessen ebenfalls eine Suppe sowie Fleisch mit Beilage und dazu Gemüse oder Salat. Während den beiden halbstündigen Pausen verköstigten sich die Arbeiter meistens mit Brot und Bier. Letzteres war Teil ihrer Entlöhnung, denn jedem Mitarbeiter stand pro Tag ein Kontingent von bis zu sieben Liter Bier zu. 1894 schaffte Fritz Schoellhorn das Freibier ab und erhöhte stattdessen die Löhne. Damit verursachte er Unruhe in den eigenen Reihen und stiess auf zunehmenden Widerstand.

Noch weit bedrohlicher als der Arbeiterkampf waren Brände: In der Nacht vom 19. auf den 20. Mai 1898 sah ein Heizer plötzlich Rauch über den Stallungen der Brauerei Haldengut aufsteigen. Sofort rannte er zur Fabrikpfeife und setzte Notsignale ab. Der Heuboden der Pferdestallungen stand in Flammen. Nur Tage zuvor hatte ein Mitarbeiter das Gebäude mit neuer Farbe bestrichen, die nun wie ein Brandbeschleuniger wirkte. Mit vernichtender Geschwindigkeit leckte das Feuer den Wänden entlang und verwandelte den Stall in ein rauchendes Inferno. Für die 19 eingestellten Brauereipferde und sechs Ochsen gab es kein Entkommen mehr vor den giftigen Rauchgasen. Ihr panisches Schreien und Stampfen hallten durch das gesamte Areal. Die aufgescheuchte Belegschaft konnte die Ochsen zwar noch retten, musste dann jedoch alle Rettungsbemühungen zu Gunsten der eigenen Sicherheit abbrechen und die Pferde hilflos dem Erstickungstod überlassen.

Riskante Nähe zu Industriebetrieben

Ein Grossaufgebot der Feuerwehren Winterthur und Veltheim konnte unter Einsatz von über 260 Löschschläuchen verhindern, dass der Brand auf weitere Gebäude übergriff. Glücklicherweise nahmen keine Menschen Schaden. Für die Winterthurer Feuerwehr war es eine strenge Nacht gewesen, denn gleichzeitig brannte auch ein Lagerhaus der Schweizerischen Lokomotiv- und Maschinenfabrik im Tössfeld. Immer wieder wurde die Stadt durch solche Ereignisse daran erinnert, welche Risiken die Nähe zu den Industriebetrieben barg. Der gesamte Verwaltungsrat versammelte sich am Brandschauplatz und sah sich mit dem grausamen Anblick der toten Tiere konfrontiert, die tags zuvor noch das wirtschaftliche Rückgrat der Brauerei gebildet hatten. Auch die geretteten Ochsen waren derart verletzt, dass sie notgeschlachtet werden mussten. Damit fehlte der Brauerei jegliche Antriebskraft.

Um die Bierproduktion aufrechterhalten zu können, musste sofort Ersatz beschafft werden. Hierbei spürte die Brauerei eine grosse Solidarität in der Bevölkerung. Verschiedene Privatpersonen und Firmen stellten ihre Tiere zur Überbrückung zur Verfügung, die behelfsmässig im Stall der älteren Schwester Josephine Schoellhorn unterkamen. Im darauffolgenden Juli stand bereits eine neue Generation von 22 jungen Brauereipferden im Einsatz, darunter leihweise auch die beiden Privatpferde von Fritz Schoellhorn und seinen «Eidgenossen» aus dem Militärdienst. Als Kavallerist wusste der Direktor nur zu gut, dass er die Jungpferde nicht gleich belasten konnte wie die erfahrenen Vorgängertiere. Er hatte deshalb vorausschauend den Bestand vergrössert, um sie stärker schonen zu können.

Während für die getöteten Tiere und zerstörte Infrastruktur verschiedene Versicherungen aufkamen, drohten die Burschen leer auszugehen. Viele ihrer persönlichen Effekten waren den Flammen zum Opfer gefallen und nur geringfügig versichert. Fritz Schoellhorn setzte sich persönlich dafür ein, dass die Firma für den Schaden aufkam. Auch gegenüber der Feuerwehr, der Brandwache und dem Polizeikorps zeigte sich die Brauerei dankbar. Sie lud alle bei der nächsten Feuerwehrübung auf dem Firmengelände zu Wurst und Bier ein.

Neue Brandschutzmassnahmen

Für Fritz Schoellhorn war der Brand ein einschneidendes Erlebnis. Jahrelange Aufbauarbeit war innert kürzester Zeit zerstört worden. Mit dem Wissen, dass eine solche Tragödie jederzeit wieder passieren könnte, ordnete er sofort den Bau besserer Ställe an den Standorten St. Gallen und Genf an und liess auch in der Brauerei Haldengut neue Brandschutzvorrichtungen errichten. Die Frage nach der Brandursache trieb ihn ebenfalls um. Er hegte den Verdacht, dass sich die Trockentreber von selbst entzündet hatten, die im Stall und Heuboden lagerten. Dabei handelt es sich um feste Malzrückstände, die beim Brauen und Mälzen entstehen und als Futterzusatz genutzt wurden. Fritz gab Versuche in Auftrag, deren Resultate seine Annahmen bestätigten. Seine Erkenntnisse publizierte er in Fachmagazinen, um die anderen Brauereien zu warnen.

Rechts: Hans Schoellhorn malte 1919 seinen Vater Fritz bei der Arbeit (Ausschnitt).

Unten: Das Porträt wurde auch auf der ersten Seite des vierbändigen Werks «Die Brauerei Haldengut in Winterthur 1843/1918» von Fritz Schoellhorn platziert – mit einigen Korrekturen des Patrons.

Konzentration auf die Brauerei Haldengut AG

Alle diese Einblicke geben nur eine ungefähre Vorstellung davon, mit wie vielen unterschiedlichen Themenkomplexen Fritz Schoellhorn als leitender Direktor konfrontiert war. Er musste die unternehmerische Entwicklung vorantreiben, nötige Investitionen ausmachen und tätigen, die Wirtinnen und Wirte sowie auch Aktionäre bei Laune halten, sich um verunfallte Fuhrwerke kümmern und seine Mitarbeitenden zur Rede stellen, wenn sie mal wieder Bier stibitzten. Weil sich alles auch noch auf drei Standorte verteilte, halfen Hans Ernst und Hans Knüsli wacker mit. Die Vereinigten Schweizer Brauereien war eine, wie man heute sagen würde, auf mehrere Fronten verteilte Mikromanagement-Hölle erster Güte.

Auch die Verwaltungsräte zeigten in den verschiedenen Betrieben ihre Präsenz und kontrollierten diese regelmässig. Trotz aller Bemühungen blieben aber die Geschäftsgänge in Genf und St. Gallen unbefriedigend, und auch Fritz Schoellhorn war unzufrieden mit seiner Position. Auf seinen Wunsch hin schuf der Verwaltungsrat die Stelle eines «Delegierten des Aufsichtsrats» und betraute den tüchtigen Haldengut-Braumeister Heinrich Bibus mit der geschäftlichen Direktion. Damit war Fritz Schoellhorn vor allem von den für ihn lästigen Repräsentationspflichten gegenüber den Wirtschaften befreit und hatte damit mehr Zeit für die Unternehmensentwicklung. Schon bald trug die neue Arbeitsaufteilung Früchte. Die erfreuliche Entwicklung erlebte jedoch im Jahr 1900 infolge einer allgemeinen Wirtschaftskrise abermals einen jähen Einbruch. Der Absatz von Haldengutbier stürzte innerhalb eines Jahres von 53'962 auf 38'401 Hektoliter ab. Ebenso sank die Zahlungsmoral der Wirtinnen und Wirte, und so musste die Gesellschaft weitere Wirtschaften aufkaufen. Die Lage war ernst, als 1901 der Verwaltungsratspräsident Hans Knüsli sein Amt niederlegte, um seine Energien fortan vermehrt in die Schweizerische Lokomotiv- und Maschinenfabrik (SLM) zu stecken. Mit seiner juristischen Expertise hatte er einen wesentlichen Anteil am strukturellen Aufbau der Aktiengesellschaft gehabt. An seine Stelle trat nun Fritz Schoellhorn. Als Vorsitzender begann er sofort, seine neue Strategie umzusetzen. Er war zur Überzeugung gelangt, dass die Aktiengesellschaft längerfristig nur durch eine Konzentration aller finanziellen Mittel und Ressourcen auf den Standort Winterthur überleben konnte. Weil er persönlich stark an der Brauerei Tivoli hing, gründete er die Aktiengesellschaft Brasserie l'Avenir und verkaufte sich die Brauerei damit im Grunde selbst. Die Bierproduktion in der Bavaria liess er einstellen und die Betriebsräumlichkeiten in ein Bierdepot umnutzen. Damit ging die durch Johann Georg Schöllhorn vorgespurte Ära der Vereinigten Brauereien 1904 zu Ende.

Unter dem neuen Namen Aktiengesellschaft Brauerei Haldengut begann Fritz Schoellhorn nun seine eigenen Visionen zu verwirklichen. Anstatt auf das alte Mantra «Hopfen und Malz, Gott erhalt's» setzte er nun alles auf einen neuen Glaubenssatz: «Fortschritt durch Technologie und Innovation!»

«Du musst an mich glauben treu und fest»

Am 6. Mai 1890 läuteten in der Stadtkirche die Hochzeitsglocken. 70 Gäste lauschten dem Eheversprechen zwischen Lilly Sträuli und Fritz Schoellhorn. Die 17-tägige Hochzeitsreise verbrachten sie in Luzern, Bellagio und Chiavenna. Nach ihrer Rückkehr bezog das Paar die neue Direktorenwohnung auf dem Firmenareal, und für Lilly Schoellhorn-Sträuli begann das Leben als Fabrikantengattin.

Aus ihren Briefen geht hervor, dass die Ehe zwar spannungsgeladen war, aber auch ein offener Austausch stattgefunden hat. In ihrer Rolle als Mutter versuchte sie zwischen dem leicht kränkbaren Vater und den Kindern zu vermitteln. Während er Härte zeigte, war sie liebevoll und zärtlich. Die beiden hielten in guten wie auch in «lausigen» Zeiten zusammen: 1908 gestand Fritz Schoellhorn seiner Ehefrau peinlich berührt, dass er sich Filzläuse eingefangen und Angst hatte, sie angesteckt zu haben. Er selbst verdächtigte zwar die Bettwäsche in einem Genfer Hotel, «wo viele Russen sind», doch schon damals war bekannt, dass Filzläuse überwiegend durch sexuellen Kontakt übertragen werden. Der Patron endete seinen Brief mit: «Wenn du mir einen Gefallen tun willst, so zerreisse diesen Brief & verbrenne die Fetzen. [...] Mit freundlichem Gruss & Kuss Dein ‹lausiger› Gemahl.» Sie behielt den Brief. Die Episode nährte bei Lilly Schoellhorn-Sträuli den Verdacht der Untreue, der wie ein Schatten über der Ehe hing.

1918 drohte die Ehe in die Brüche zu gehen. Die Söhne litten unter den hohen Ansprüchen ihres übellaunigen Vaters. Die Streitereien am Familientisch wurden immer heftiger. Eines Tages warf Georg seinem Vater an den Kopf, dass er es aufgegeben habe, es ihm recht machen zu wollen. Dies führte zu einem weiteren Ehestreit. Lilly Schoellhorn-Sträuli warf ihrem Mann erneut Untreue als Ursache für seine schlechte Laune vor, was diesen empörte: «Fühlst Du wirklich nicht, dass so unendlich vieles anderes mein Gemüt bedrückt? Ahnst Du nichts davon, wie mir all das Viele, das auf mich einstürmt, im politischen & wirtschaftlichen Leben, im Geschäft, in der näheren und weiteren Familie seinen Einfluss ausübt? Muss wirklich ein ‹Weib› diese Ursache sein? Es ist erbärmlich, wie klein Du von mir denkst, und verletzend!»

Lilly Schoellhorn-Sträuli gelang es immer wieder, ihren Mann zu beruhigen, und sie ermahnte ihn regelmässig zu mehr Freizeit. Zerstreuung fand die Familie auf Reisen und bei Ferienaufenthalten in Klosters. 1920 plante Fritz Schoellhorn eine längere Spanienreise – ohne Familie. Lilly Schoellhorn-Sträuli versuchte ihm diese Freiheit zu lassen und schrieb: «[...] dein Gesicht ohne Kummerfalten ist nämlich viel hübscher, so dass ich noch fürchten muss, dass Du den Spanierinnen Eindruck machst, aber auch in dieser Sache bist Du frei, Du darfst Dich an den schönen Gesichtern ruhig weiden.» Wiederholt signalisierte sie ihm, dass sie Damenbesuche tolerieren und sich selbst damit begnügen würde, sein «Winterthurer Fraueli» zu sein, wenn nur die Ehe erhalten bleibe.

Lilly Schoellhorn-Sträuli wusste nicht nur über die familiären, sondern auch geschäftlichen Angelegenheiten Bescheid. Die schwerste Nachricht erhielt das Ehepaar 1931, als bei Fritz Schoellhorn Prostatakrebs diagnostiziert wurde. Er verbrachte seine letzten Lebensjahre mit stärker werdenden Schmerzen. Lilly Schoellhorn-Sträuli wich ihm nicht von der Seite. Sie ermunterte ihn gar dazu, seiner alten Jugendliebe Hanna Ernst zu schreiben, um sich abzulenken – was er auch tat. Fritz Schoellhorn starb am 2. Februar 1933. Lilly Schoellhorn-Sträuli erlag 18 Tage später im Alter von 65 Jahren einer Lungenentzündung. Im Nachruf hiess es über sie: «Nun, wo mit dem Hinschied ihres Gatten auch ihr Lebenswerk sein Ziel erreicht hat, ist sie zur tiefen Trauer aller, die sie kannten, ihm bald in die Ewigkeit nachgefolgt.»

MEISTERZIMMER

Fritz Schoellhorn auf seinem Reitpferd am Eingang zur Brauerei.

Rechts das 1904 erbaute «Speisehaus». Dieses enthielt nicht nur ein geräumiges Speiselokal, sondern auch Garderobe, Wasch- und Duscheinrichtungen, Lesezimmer sowie eine Geschäftsklinik, in der ein Arzt wöchentlich zweimal unentgeltlich Sprechstunde hielt.

Heute ist hier das Kantonsspital eingemietet.

Fortschritt durch Technologie und Innovation

Dominik Landwehr

Die Brauerei Haldengut erlebte zu Beginn des 20. Jahrhunderts eine Blütezeit: Mit einem Bierausstoss von 116'627 Hektolitern pro Jahr hatte Fritz Schoellhorn sein einige Jahre zuvor formuliertes Ziel von 100'000 Hektolitern bereits 1911/12 mehr als erreicht. Haldengut war Nummer vier unter den Schweizer Brauereien. Das alles kam nicht von selbst: Die Brauerei investierte zwischen 1888 und 1918 über vier Millionen Franken – der Patron hatte sein Motto «Fortschritt durch Technologie und Innovation» durch beharrliche Arbeit im Kleinen und im Grossen umgesetzt.

Wie ist Haldengut mit den technologischen, organisatorischen und politischen Herausforderungen umgegangen? Wie hat es die Brauerei geschafft, die Probleme mit der Qualität des Biers zu lösen? Welche Rolle spielte Haldengut in der von der Maschinenindustrie dominierten Stadt Winterthur?

Industriestadt Winterthur

Ein Blick auf die Stadt zu Beginn des 20. Jahrhunderts zeigt: Winterthur war eine Industriestadt in einem Masse, wie man es sich heute nur schwer vorstellen kann. Angefangen hatte diese Entwicklung im 19. Jahrhundert aber nicht mit Maschinen, sondern mit Handel und Textilien: Noch 1863 waren von den 50 grössten Winterthurer Firmen 30 in Handel und Verarbeitung von Baumwolle tätig. 11 von 13 der grösseren Firmen waren eng mit der Textilindustrie verbunden. Das galt ebenso für die Bank in Winterthur, an der auch die Stadt Winterthur beteiligt war. Insgesamt gab es schon zu jener Zeit sechs Banken, eine Voraussetzung für die kapitalintensive Industrialisierung. Dazu war Winterthur schon im 19. Jahrhundert ein wichtiger Eisenbahnknotenpunkt und profitierte vom Aufschwung der Bahnen nach 1850.

Die Maschinenindustrie spielte sicher die Hauptrolle: Rieter stellte in Winterthur-Töss nicht nur Spinnereimaschinen her, sondern fungierte als Generalunternehmer für den Bau ganzer Fabriken. Auch Sulzer hatte ein riesiges Programm und baute nicht nur Dampfmaschinen, sondern ganze Schiffe für die europäische See- und Flussschifffahrt. Kühlaggregate – sie sollten auch für Haldengut wichtig werden – gingen buchstäblich in die ganze Welt.

Eine besondere Position hatte die Schweizerische Lokomotiv- und Maschinenfabrik (SLM), die 1871 von Charles Brown (1827–1905), dem Mitbegründer der BBC, gegründet wurde. Sie konzentrierte sich zunächst auf Zahnrad- und Strassenbahnlokomotiven und lieferte in die ganze Welt. So war die SLM ein wichtiger Zulieferer für die Schweizer Bahnen und spezialisierte sich schon früh auf die Produktion von Lokomotiven mit Elektroantrieb. Bereits 1909 feierte sie die Ablieferung der 2000. Lokomotive. Die drei Industriebetriebe beschäftigten in der Zeit zwischen 1900 und 1930 Tausende von Arbeitern.

Von Seife bis Teigwaren

Bereits seit 1831 existierte in Winterthur die Seifenfabrik Sträuli, zu Beginn des 20. Jahrhunderts war mit Emil Sträuli-Ganzoni (1867–1948) und Walter Sträuli-Linck (1869–1941) die mittlerweile dritte Generation in der Verantwortung. Produziert wurde weit mehr als Seife: Dynamitglyzerin, pharmazeutisches Glyzerin, Fettsäuren, Rohstoffe für die Automobil-, Lebensmittel- und Arzneimittelindustrie und vieles mehr.

Auch im Bereich der Nahrungs- und Genussmittel hatte Winterthur etwas zu bieten: Zu Beginn des 20. Jahrhunderts waren in Winterthur und Umgebung grosse

Betriebe der Nahrungsmittelindustrie ansässig: Schon 1872 hatte Julius Maggi sein Unternehmen J. Maggi & Cie. in Kemptthal, einer Nachbargemeinde von Winterthur, gegründet. Ihre Suppenmehle, Bouillonprodukte und Maggi-Würzen stiessen gerade in der Arbeiterschaft auf grosses Interesse, da kaum mehr Zeit für aufwendiges Kochen vorhanden war. Ebenfalls noch im 19. Jahrhundert wurde die Anglo Swiss Biscuit Company gegründet. Sie war im Neuwiesenquartier angesiedelt und galt als eine der besteingerichteten Biscuitfabriken der Schweiz. Teigwaren spielten in der Ernährung der wachsenden Arbeiterschaft eine wichtige Rolle, und dementsprechend schossen Teigwarenfabriken überall in der Schweiz aus dem Boden. 1920 gab es mehr als 70 solcher Fabriken, allein im benachbarten Tösstal zwei, in Wila und in Rikon. Die Fabrik in Rikon gehörte den Gebrüdern Weilenmann, die auch in Winterthur-Veltheim einen Betrieb hatten. Als die Eisenbahn die Transportprobleme löste, verkleinerte sich die Anzahl der Fabriken drastisch.

Zur Lebensmittelbranche gehört auch der VOLG: Der Verband Ostschweizerischer Landwirtschaftlicher Genossenschaften VOLG wurde am 18. Oktober 1886 in Winterthur gegründet und entwickelte sich zu Beginn des 20. Jahrhunderts zu einer eigentlichen wirtschaftlichen Grossmacht: In den 1930er-Jahren besass das Unternehmen fünf Lagerhäuser, eine 1,7 Millionen Liter fassende Weinkellerei, Mühlen für Backmehle und dazu eine moderne Lastwagenflotte.

Damit sind ein paar Grössen in der Industrie- und Wirtschaftsgeschichte von Winterthur genannt, längst nicht alle: Zu den Betrieben, die um 1900 eine wichtige Rolle spielten, gehörten unter anderem auch die Gerberei Amman, die Lithographische Anstalt Studer, die Neumühle Töss, die Kaffeerösterei Küng, die Thoma Bürstenfabrik, die Ziegeleien Keller oder die Firma Kübler Heizöl.

Die Brauerei Haldengut lebte damit zu Beginn des 20. Jahrhunderts in einem produktiven Umfeld. Allerdings gehörte Haldengut nicht zu den Winterthurer Grossbetrieben, sondern war im heutigen Sinn ein KMU. Ihre Bedeutung verdankte sie der Verankerung in der Bevölkerung. Als Brauerei war sie im Alltag omnipräsent: in den Wirtshäusern und durch die Fuhrwerke auch auf der Strasse, denn Haldengut gehörte zu den ersten Betrieben, welche Motorwagen anschaffte. Sie dürften im Strassenbild von Winterthur für etliches Aufsehen gesorgt haben!

Beziehungen zu Sträuli und Sulzer

Winterthur war also zu Beginn des 20. Jahrhunderts ein Schwerpunkt der industriellen Produktion in der Schweiz – und ein erstaunlich vielfältiges Biotop von Firmen unterschiedlicher Grösse. Von daher wäre zu erwarten, dass die Firma Haldengut mit einigen dieser Firmen verbunden war. Dies war nur in einem kleinen Mass der Fall: Enge Beziehungen bestanden zu den Gebrüdern Sulzer, weil Sulzer Maschinen oder Maschinenbestandteile liefern konnte, die für Haldengut zentral waren. Beziehungen bestanden auch zur Seifenfabrik Sträuli respektive dem Seifenfabrikanten Benjamin Carl Sträuli-Haggenmacher. Fritz Schoellhorn war mit dessen Tochter Lilly Sträuli (1868–1933) verheiratet, und der Schwiegervater half in den ersten Jahren finanziell aus.

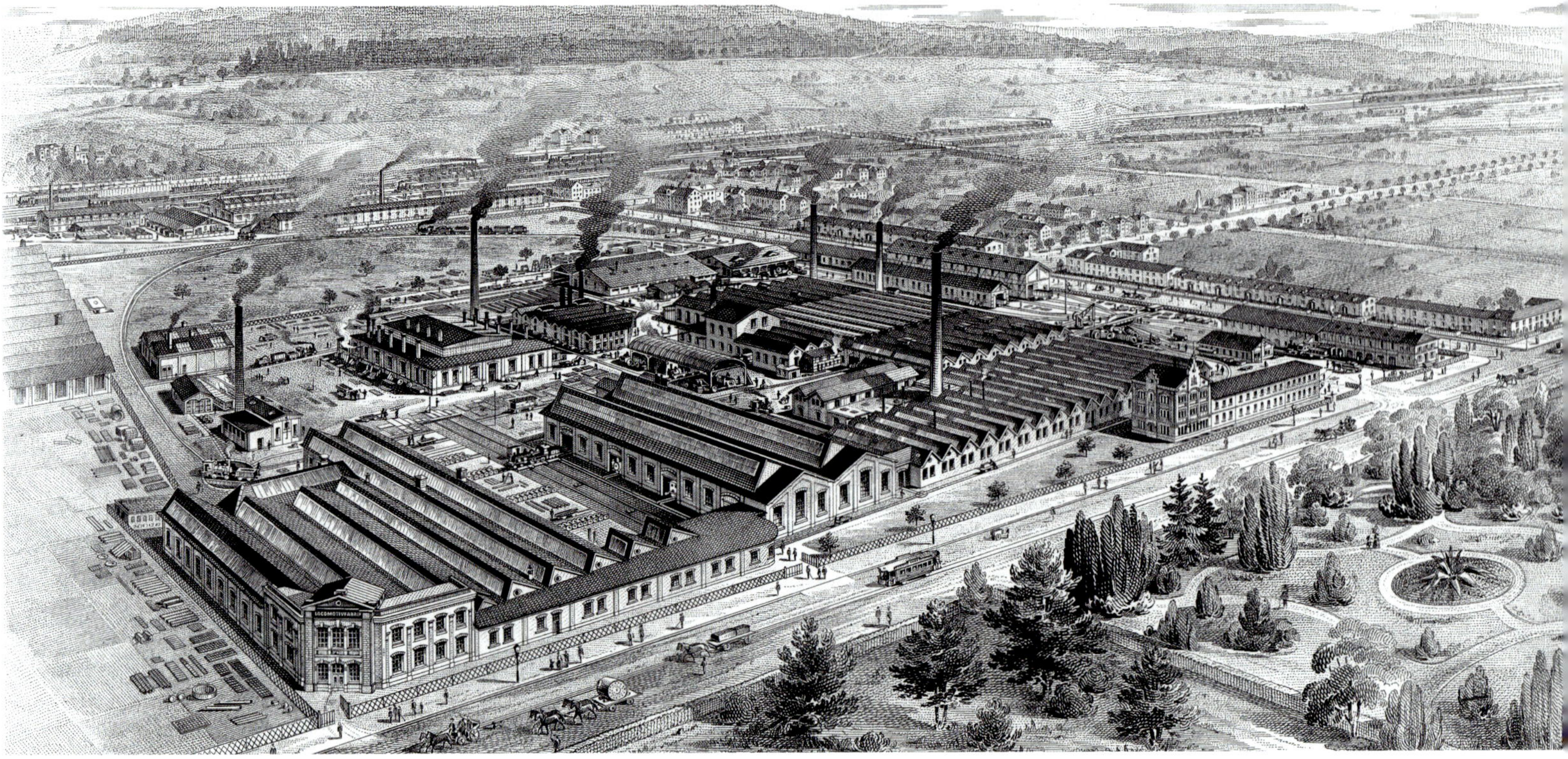

ECKERT & PFLUG
KUNSTANSTALT
LEIPZIG.

Auch das Brauwesen entwickelte sich von einer gewerblichen zu einer industrialisierten Branche. Die Gebrüder Sulzer waren für die Brauerei ein wichtiger Lieferant von Maschinen und Heizkesseln. Fritz Schoellhorns Schwiegervater und Inhaber der Seifenfabrik Sträuli bot eine entscheidende finanzielle und gesellschaftliche Starthilfe.

Links oben: Schweizerische Lokomotivfabrik der Gebrüder Sulzer im Tössfeld um 1900.

Rechts oben: Seifenfabrik Sträuli am Ort des heutigen Theaters Winterthur, dahinter das Gebäude des damaligen Knabengymnasiums, heute Kunst Museum Winterthur | Reinhart am Stadtgarten.

Unten: Areal der Brauerei Haldengut um 1906.

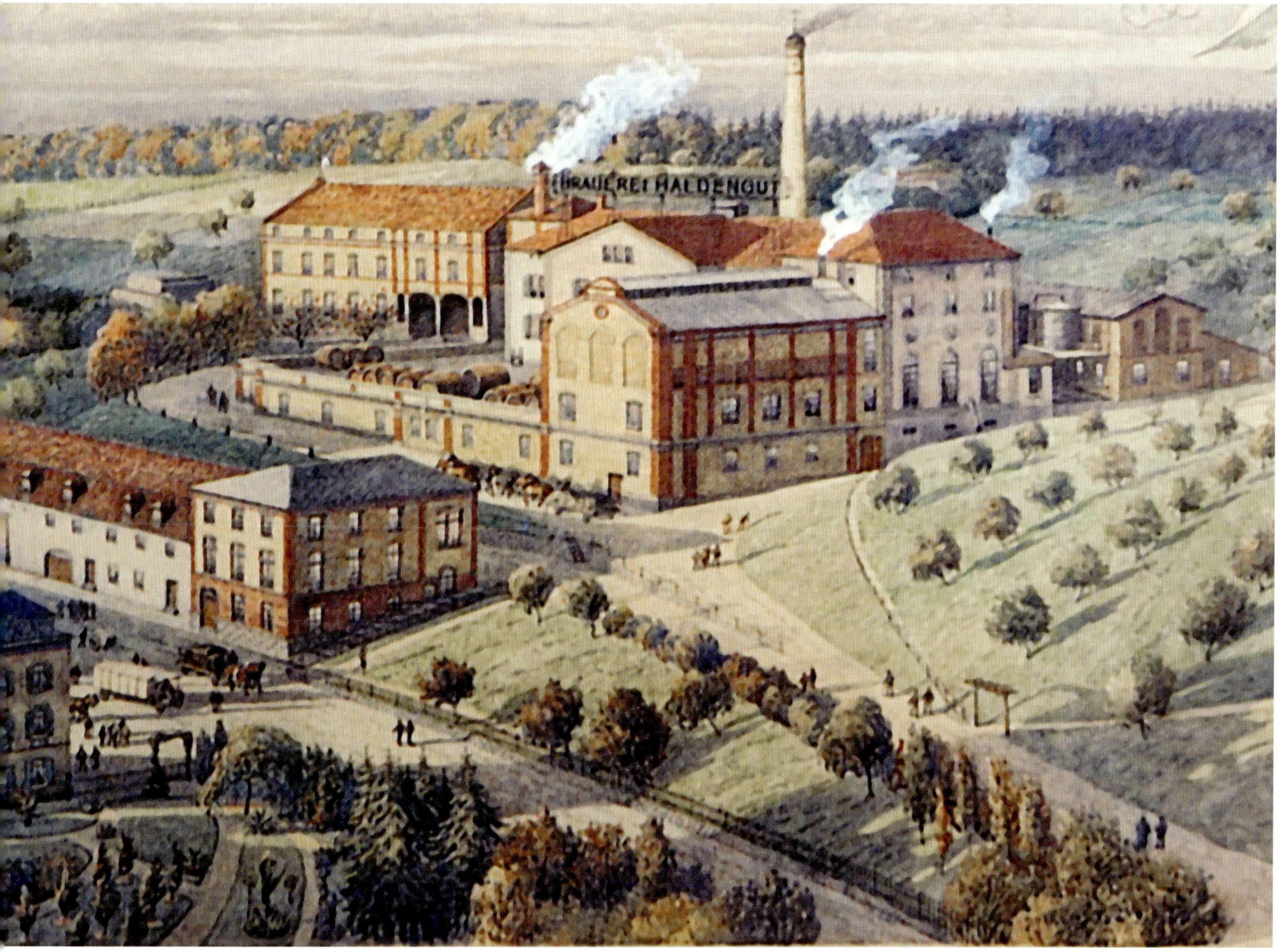

Fritz Schoellhorn hat die Beziehungen zur Familie Sträuli in einem privaten Dokument, das vom 31. Januar 1931 datiert ist, genau und nicht ohne Humor dargestellt: «Unser Bier schmeckte nicht immer wohl, und als ich im Jahr 1895 während des Eidgenössischen Schützenfestes verzweifelt meinem Schwiegervater unsere Not klagte und sagte: ‹Unser Bier gräuelet wieder; gründliche Abhilfe könnte nur durch den Bau eines neuen Gärkellers geschaffen werden, dazu fehlt uns aber das Geld›, sagte er mir: ‹Sei froh, wenn Du weisst, wo es fehlt, baue den Gärkeller, und wenn es Euch an Geld fehlt, verschaffe ich Dir's›. Der Bau wurde ausgeführt und damit die Kalamität behoben. Meiner Beziehung zu Carl Sträuli ist also das gute Bier der Brauerei Haldengut zuzuschreiben.»

Dampf und Kühlung von Sulzer

Gut dokumentiert sind die Beziehungen zur Maschinenfabrik Gebrüder Sulzer. Eine ihrer Spezialitäten war die Herstellung von Dampfkesseln, die in der Bierproduktion eine wichtige Rolle spielen. Im Haldengut-Archiv finden sich verschiedene Studien zu diesem Thema, die teilweise autonom, teilweise im Auftrag der Firma Haldengut gemacht wurden. Verfasser war der ETH-Professor Emil Bosshard (1860–1935), ein enger Freund von Fritz Schoellhorn. Bosshard schlug ihn 1928 auch für den Ehrendoktor der ETH Zürich vor. In den Studien ging es um die wirtschaftliche Herstellung von Dampf und um die Vermeidung von Kesselstein. Der Härtegrad des Wassers spielt eine wichtige Rolle beim Brauen und beeinflusst den Geschmack nachhaltig.

Sulzer war auch Lieferant für die Kälte- und Eismaschinen von Haldengut und löste damit eines der zentralen Probleme der damaligen Produktion. Erfunden hatte die Kältemaschine der deutsche Ingenieur Carl von Linde, der in den Jahren 1861–1864 an der ETH Zürich studierte; er beendete das Studium ohne Abschluss, nachdem er wegen Teilnahme an einem Protest der Studenten von der ETH ausgeschlossen worden war. Er gilt als Pionier der Kälte- und der Tieftemperaturtechnik. Seine Erfindung wurde von der Brauindustrie begeistert aufgenommen. Sie ermöglichte die Produktion von sogenanntem Stangeneis, aber auch die maschinelle Kühlung von Fabrikationsprozessen. Sulzer stellte die Kühlmaschine des deutschen Erfinders in Lizenz her, erster Schweizer Kunde war 1879 die Zürcher Brauerei Hürlimann.

1889 kaufte die Brauerei Haldengut bei Sulzer eine Eismaschine und eine Kondenswasser-Kühlanlage, die aber nicht befriedigten. Man konnte damit zwar kühlen, aber kein eigenes Eis herstellen. 1897 kaufte man – zum Schrottpreis – eine ehemalige Schiffskühlmaschine, die nicht an den ursprünglichen Kunden hatte geliefert werden können. Sie blieb bis 1915 in Betrieb. 1905 beschaffte Haldengut ein neues System – eine Kühlmaschine nach dem Prinzip Linde. Es muss sehr robust gewesen sein, denn es war auch 75 Jahre später, im Jahr 1980, noch in Betrieb.

Das Eis spielte in der Bierproduktion eine wichtige Rolle: Es war entscheidend, dass das Bier nach dem Sud schnell heruntergekühlt werden konnte. Dafür wurde ursprünglich Natureis verwendet, das nicht nur aus der nächsten Umgebung stammte, sondern auch aus Hettlingen, Seuzach und Fischenthal, in besonders warmen Wintern sogar aus dem Klöntalersee und aus Davos.

Auch wenn industrielle Eismaschinen im Vergleich zum Brauprozess nicht viel Wasser benötigten, verschärfte sich ein Problem: der chronische Wassermangel. Eine Vielzahl von Schriftwechseln und Verträgen im Haldengut-Archiv zeugen von den Bemühungen, die Fritz Schoellhorn unternahm. Nicht nur die Quantität, auch die Qualität des Wassers war ein Problem: Es war zu hart und musste vorher durch Kochen entkalkt werden – ein zusätzlicher und teurer Schritt in der Produktion.

Die Beziehungen zu Sulzer waren nicht immer ungetrübt. Fritz Schoellhorn war aufgebracht, als er erfuhr, dass sich die Maschinenfabrik Sulzer im Jahr 1899 Bier einer Zürcher Brauerei liefern liess und den Angestellten zu einem günstigen Preis weiterverkaufte. Seine Empörung ging so weit, dass er sich überlegte, seine Geschäftsbeziehungen mit Sulzer abzubrechen. Soweit kam es nicht, Sulzer unterbrach diese Lieferungen nach kurzer Zeit selbst.

Winterthurer Kameradschaft

Bleibt die Frage: Wer gehörte zum Winterthurer Beziehungsnetz von Fritz Schoellhorn? Hinweise darauf liefert ein kleines Büchlein, das er im Jahr 1930, also nur drei Jahre vor seinem Tod, unter dem Titel «Eine Winterthurer Kameradschaft» publiziert hat. Es handelt sich dabei um eine wöchentliche Jassrunde, die zunächst in verschiedenen Gasthöfen der Stadt durchgeführt wurde, ab 1921 dann im «Club zur Geduld», wo einmal in der Woche ein Tisch für die Gruppe reserviert blieb. In der Runde finden sich einige illustre Namen. Nicht weniger als fünf der Männer gehörten zur weiten Familie der Sulzer, einer davon war eine Schlüsselfigur in der Firma Sulzer: Johann Jakob Sulzer-Imhoof, der zunächst die Abteilung Kühlmaschinenbau leitete und später die Abteilung Dampfmaschinen und Schiffbau. Er entwickelte mit Rudolf Diesel und Adolf Klose in Berlin die erste Diesellokomotive und präsidierte 1914–1920 den Verwaltungsrat der Sulzer. 1918 wurde er mit dem Ehrendoktortitel der ETH Zürich ausgezeichnet. Mit Heinrich August Sulzer-Bühler war ein weiteres Mitglied der Sulzer-Familie im Club. Er war 1901–1904 Generaldirektor der Unfallversicherung AG in Winterthur, der späteren Winterthur Versicherung. Henry Ziegler-Sulzer war der dritte Sulzer-Spross in dieser Gruppe: Er leitete während 20 Jahren die Werkstätten der Firma. Und dann finden sich noch zwei weitere männliche Teilnehmer mit dem Namen Sulzer: Eduard Sulzer-Frizzoni sowie Heinrich Sulzer-Rieter, die jedoch nicht mit der Maschinenfabrik der Gebrüder Sulzer verbunden waren.

Ämter schien Fritz Schoellhorn nicht gesucht zu haben, zu stark nahm ihn die Leitung der Brauerei in Anspruch. Immerhin war er einige Jahre Mitglied im Handelsgericht. Neben dem Kreis der «Winterthurer Kameradschaft» war er auch Mitglied der Freimaurerloge Akazia, und schliesslich verfolgte er eine Karriere in der Armee, namentlich bei den Dragonern.

«Ich ging während der Woche selten und nur ungern abends in Gesellschaft, da ich meist müde und abgespannt war. An Samstagabenden traf ich dagegen ziemlich häufig mit Herren zusammen, die eine ‹Kameradschaft› bildeten. In diesem Kreis wurde zwanglos besprochen, was die Welt bewegte, hauptsächlich aber waren es militärische Dinge, denn fast alle Kameraden waren als Offiziere in der Armee eingeteilt oder eingeteilt gewesen.»

Die technischen und naturwissenschaftlichen Entwicklungen zur Zeit der Industrialisierung trugen zur Qualitätssteigerung im Brauprozess bei. Wegen der dafür nötigen Investitionen förderten sie auch die Industrialisierung des Brauwesens und führten zu grösseren Brauereien.

Oben: Das 1905 gebaute Maschinenhaus II mit sogenannten Transmissionsriemen. Für die Kühlung der Gär- und Lagerkeller sowie zur Produktion von Stangeneis wurde viel elektrische Energie benötigt.

Oben: Im Kühlschiff wurde der Würze nach dem Sieden in flachen Kupferbecken mit Rührwerk möglichst viel Wärme entzogen. Dies führte wiederkehrend zu Infektionen durch Wein-Hefe aus der Luft, was man lange Zeit nicht verstand. Energiesparende Wärmetauscher kamen erst später zum Einsatz.

Unten: Eisgewinnung im Klöntal mit eigenen Fuhren. Vor der Erfindung von Kühlmaschinen wurden die Keller mit Natureis gekühlt.

ETH-Ehrendoktor für Fritz Schoellhorn

Im Jahr 1928 erhielt Fritz Schoellhorn den Ehrendoktortitel der ETH Zürich – er war nach seinem Freund Carl Jakob Sulzer, der diese Auszeichnung ein Jahr zuvor erhalten hatte, erst der zweite Winterthurer, der so geehrt wurde. Fritz Schoellhorn gibt sich bescheiden, aber die Vergabe hat ihn mit Sicherheit tief berührt: «Ich weiss bestimmt, dass ich diese Ehrung nicht verdient habe. Trotzdem haben sehr viele meiner Freunde und Bekannten geschrieben ‹wohl verdient›. Sie alle wissen nicht, wie wenig ich getan habe.»

Auch wenn sich der ETH-Rektor Emil Bosshard und Schoellhorn gekannt haben – für die Begründung musste Bosshard die ETH-Leitung überzeugen. Sein Antrag umfasst vier handgeschriebene Seiten und ist äusserst detailliert. Am 28. Juni 1928 schrieb Bosshard, der 1913–1930 Rektor der ETH Zürich war, in seinem Antrag an den Institutsleiter Hans Eduard Fierz, die Auszeichnung sei in «Anerkennung der Forschungen zur Bibliographie des Brauwesens und seiner Verdienste um die Einführung wissenschaftlich begründeter Arbeitsweise in das schweizerische Brauereigewerbe» zu verleihen. Die Begründung ist eindrücklich und fasst in einem gewissen Sinn die Anstrengungen zusammen, die Fritz Schoellhorn zeitlebens unternahm: So habe er bereits Anfang der 1880er-Jahre ein Laboratorium zur Produktion von Reinhefen eingerichtet, die Kenntnisse dazu habe er sich durch längere Studien in einem Laboratorium in Kopenhagen angeeignet. Dann werden die Einführung neuer Verfahren in der Trommelmälzerei genannt, die Anwendung des Maischefilters und schliesslich die Teilnahme am wissenschaftlichen Diskurs. Denn über die Jahre hatte Schoellhorn zahlreiche Artikel in Fachzeitschriften veröffentlicht. Schliesslich habe er sich ebenfalls sein ganzes Leben lang mit der Geschichte des Brauwesens beschäftigt und wissenschaftliche Fragen erörtert, die zum Teil erhebliche volkswirtschaftliche Bedeutung erlangt hätten. Erwähnt werden auch die Verdienste zur Schaffung alkoholfreier Volksgetränke und alkoholarmer Biere.

Die «Neue Zürcher Zeitung» meldete die Ehrung am 4. Oktober 1928. Das sozialdemokratische «Volksrecht» konnte sich einen kritischen Kommentar nicht verkneifen und schrieb: «Wollte man alle Publizisten vom Range eines Bierbrauers Schoellhorn dekorieren, hätte man viel zu tun. Die wissenschaftlichen Arbeiten sind heute überall Gemeingut.»

Vorträge und Publikationen

Fritz Schoellhorn bewältigte neben seiner Arbeit als Direktor der Brauerei ein umfangreiches Pensum an Vorträgen und Publikationen. Mit akribischer Sorgfalt führte er auch die umfangreiche Bibliographie zur Geschichte des Brauwesens, die er 1928 publizierte. Ohne Hilfe hätte er dies kaum geschafft: Bei der Bibliographie ging ihm seine Privatsekretärin Dora Muggli zur Hand, die 1928 erst 24-jährig unter tragischen Umständen starb.

Es hätte wenig gefehlt, und Fritz Schoellhorn hätte schon zu einem früheren Zeitpunkt einen Ehrendoktor erhalten. Die Gesellschaft für Geschichte und Bibliographie des Brauwesens in Berlin hatte bereits im März 1928 dem Forschungszentrum Weihenstephan für Brau- und Lebensmittelqualität den Vorschlag gemacht, Fritz Schoellhorn mit einem Ehrendoktor für seine Bibliographie des Brauwesens auszuzeichnen. Dazu muss man allerdings wissen, dass Fritz Schoellhorn diese Gesellschaft 1913 selbst gegründet hatte.

Die Qualitätsprobleme

Klagen über die schlechte Qualität des Biers ziehen sich wie ein Leitmotiv durch die Schriften von Fritz Schoellhorn – das Bestreben, ein besseres Bier zu brauen, hat ihn sein ganzes Leben lang angetrieben, und der Ehrendoktor der ETH Zürich war eine Anerkennung dafür.

Schoellhorn beschreibt das selbst in treffenden Worten: «Derjenige, der nicht voll und ganz im Geschäft drin steckt und entsprechenden Einblick hat, kann nicht beurteilen, welch peinliches Gefühl es für den Geschäftsleiter und den Braumeister ist, zu sehen, dass trotz Auswahl der besten Rohmaterialien, trotz Anwendung der reinsten Verfahren, trotz Anwendung der rationellsten Verfahren im Sudhaus, trotz peinlichster Reinlichkeit in allen Teilen des Geschäftes wir wohl ein Bier erzeugen, das in Glanz, Farbe und Mousseux schön ist, aber im Geschmack immer wieder zu wünschen übrig lässt.»

Die Steigerung der Bierqualität erwies sich als zäher Brocken und als ausserordentlich komplex, denn es ging um Verbesserungen entlang der ganzen Produktionskette, die Fritz Schoellhorn systematisch anging. Dazu gehörten namentlich die Optimierung der Kühlung und der Ventilation der Gärkeller, der Verzicht auf jegliches Holz, die Verwendung von Reinhefe und die Verkürzung der Wege innerhalb der Brauerei, um Infektionen mit fremden Hefen zu verhindern. Auch das Abschlagen des alten Kalkverputzes und der Ersatz durch Zementverputz, der Ersatz alter Lager- und Transportfässer, die Reinigung der Bottiche sowie der Verzicht auf chemische Desinfektionsmittel sollten zur Qualitätsverbesserung beitragen.

Interessant ist Fritz Schoellhorns Bemerkung dazu: «Das Wort ‹gräuele› oder ‹gränele› hat in der Geschichte der Brauerei eine grosse Rolle gespielt und mich während zwei Jahrzehnten wie ein Gespenst verfolgt. Die vorstehend aufgeführten Verbesserungen verteilen sich auf viele Jahre. Mit jedem neuen glaubte man, das Ziel endgültig erreicht zu haben, bis im nachfolgenden Sommer sich dieser Glaube als trügerisch erwies. Die Kalamität, welche in der Brauerei Haldengut immer latent war, welche aber hauptsächlich im Jahre 1883 unter den Vorbesitzern stark eingesetzt hatte, beeinflusste deren Entwicklung bis zum Jahr 1902, also 20 Jahre lang, ungünstig.»

Die Bedeutung der Hefe

Der Chemiker Emil Bosshard erwähnt in seiner Begründung für die Verleihung des ETH-Ehrendoktortitels an erster Stelle die Forschungen von Schoellhorn im Bereich der Hefen. Die Fotos, die Hermann Linck 1912 in der Brauerei Haldengut gemacht hat, erlauben es, auch optisch einen Eindruck von dieser Arbeit zu erhalten. Sie zeigen zwei Laboratorien: ein chemisches und ein biologisches. Es ist davon auszugehen, dass im chemischen Labor unter anderem die Eigenschaften des Wassers untersucht wurden, während das biologische Labor der Optimierung der Hefe galt.

Fritz Schoellhorn hat in einem Vortrag im Jahr 1929 seine Erkenntnisse zum Thema Hefe zusammengefasst. Er erwähnt in seinen Ausführungen zwei Forscher – den Franzosen Louis Pasteur und den Dänen Alfred Sörensen. Mit Sörensen hat er sich ausgetauscht, ihn hat er auch zu Ausbildungszwecken besucht. Louis Pasteur hat schon 1876 die Problematik der Mikrobiologie beim Brauen beschrieben und festgestellt, dass die Arbeit des Brauers ohne dessen Wissen häufig durch Krankheitserreger beeinträchtigt wird. Probleme würden durch das Wechseln der Hefe nur scheinbar gelöst.

Um 1905 publizierte Haldengut erstmals eine kleine Broschüre mit über 45 Fotografien und zugehörigen Erklärungen zum Brauprozess und ergänzenden Tätigkeiten.

«Immer mit voran» sei sein Wahlspruch, um die Einrichtungen entsprechend den Fortschritten der Technik allezeit auf der Höhe zu halten, schrieb Fritz Schoellhorn 1919 im Vorwort der dreibändigen Geschichte zu 75 Jahren Brauerei Haldengut.

Noch in den Anfangsjahren der Brauerei Haldengut kannte man Hefe nur in der Wirkung und nannte es «Zeugs». Erst nach den Entdeckungen von Louis Pasteur um 1857 und Christian Hansen um 1880 begann man Hefe zu verstehen und zu züchten. Die Brauerei Haldengut war diesbezüglich Pionierin und verkaufte auch Hefe an Dritte.

1904 entschied sich Fritz Schoellhorn zum Kauf eines Maischefilters, einer Neuerung, die in Deutschland erst in einer und in der Schweiz noch in keiner Brauerei eingeführt war. Er war damit seiner Branche um zehn Jahre voraus. Der Maischefilter dient dem «Läutern», dem Trennen der Maische in den vergärbaren Teil, die Würze, und den als Futtermittel nutzbaren Malztreber.

Die Maschinenanlage I wurde von einer 70-PS-Dampfmaschine der Gebrüder Sulzer angetrieben und diente insbesondere zum Betrieb einer Kühlmaschine mit Generator, Kompressor und Kondensator. Damit wurden die Keller gekühlt und Eis für die Kundschaft erzeugt.

Das Ringen um Standardisierung

Fritz Schoellhorn hatte nicht nur eine genaue Vorstellung von der Bedeutung der Hefe, er vermochte sich auch allgemeinverständlich auszudrücken: «Die Luft ist erfüllt von Kleinlebewesen (Mikroorganismen) aller Art: Schimmelpilze, Sprosspilze, Spaltpilze etc., und die Bierherstellung ist ein steter Kampf mit diesen Feinden. In deren Abwehr gipfelt ein wesentlicher Teil der Braukunst.» Der gefährlichste Feind sind säuretolerante Bakterien. Bis zu den Arbeiten von Pasteur standen die Brauer Infektionen mit diesem Bazillus ratlos gegenüber. Die Hefe-Reinzucht spielt primär für die untergärige Brauerei eine Rolle, also für die Herstellung von Lager, Pilsen und ähnlichen Bieren. Für das obergärige Brauen (Kölsch, Alt, Weissbier) setzte man zu seiner Zeit kaum Reinkulturen ein. Fritz Schoellhorn sieht in der Reinzucht allerdings auch eine Art Standardisierung, die sich nicht nur positiv auswirkt. «‹Charakterbiere›», so schreibt er, «sind in der untergärigen Braukunst seltener geworden.»

Bis gegen Mitte der 1880er-Jahre arbeiteten die Brauereien ohne systematisches Wissen: Sie bezogen ihre Hefe von einer anderen Brauerei, die für ihre guten Biere bekannt war. Man erhielt ein Quantum, und wenn dies funktionierte – «einschlug», wie sich die Brauer ausdrückten –, so kochte man zwanzig oder mehr Gärungen mit dieser Hefe. Das ging jeweils eine gewisse Zeit gut, danach stellte ein geschulter Gaumen fest, dass die Hefe nicht mehr funktionierte und es ratsam schien, «die Hefe zu wechseln».

In der Literatur wird die Produktion von Reinhefen im späten 19. Jahrhundert detailliert beschrieben. Pioniere sind die dänischen Forscher Alfred Jörgensen und Emil Christian Hansen, deren Buch «Die Mikroorganismen der Gärungskultur» bereits 1886 auf Deutsch erschien und danach immer wieder aufgelegt wurde. Die Reinzucht von Hefe hat sich im Brauwesen sehr schnell durchgesetzt, und die Brauerei Haldengut dürfte bei weitem nicht die einzige gewesen sein, die diesem Thema spezielle Aufmerksamkeit zollte.

Fritz Schoellhorn hat mit akribischer Sorgfalt die Publikationen im Gebiet der Braukunst verfolgt und zunächst auch gesammelt. Als es zu viel wurde, hat er sich auf eine Bibliographie beschränkt und gibt uns damit Rechenschaft über die Quellen, die er für seine Arbeit zur Verfügung hatte. Er hat die Bedeutung der Reinhefen nicht nur erkannt, sondern solche Hefen offensichtlich auch selbst gezüchtet und vermehrt – er hätte sie auch bei befreundeten Brauereien einkaufen können. Er dürfte einen grossen Teil der zeitgenössischen Fachliteratur gekannt haben: In seiner Bibliographie des Brauwesens finden sich zum Thema «Gärungschemie, Hefe und Hefe-Reinzucht» Dutzende von Titeln, die für das Brauwesen von grosser Bedeutung waren.

Die Kunst des Mälzens

Neben der Hefe ist das Malz zentral zum Bierbrauen. Es wird aus Gerste gewonnen. Fritz Schoellhorn bezog das Malz zunächst aus München, als die Preise anzogen, kam er zurück auf die Idee, eine eigene Mälzerei zu betreiben. Die hohen Investitionen und Energiekosten (Kohle) liessen aber zögern. Eine Zeitlang spielte man mit dem Gedanken, eine Mälzerei in Böhmen oder Mähren zu bauen, also in der damaligen Tschechoslowakei. Er verwarf diese Idee und entschied sich, selbst zu mälzen. 1905 begann man mit zwei Trommeln, im Jahre 1913 kamen weitere drei hinzu, die jede 6000 Kilogramm Gerste verarbeiten konnte.

Damit hatte man fünf Trommeln und konnte 24 Tonnen Gerste verarbeiten. Haldengut hatte bereits ab 1888/89 einige Jahre eigenes Malz hergestellt, aber 1894 wieder damit aufgehört, weil der Einkauf von Malz wesentlich günstiger war als die eigene Produktion, dies, obwohl Zölle für eingeführtes Malz teurer waren als für Gerste.

Der Gebrauch des Maischefilters, den Fritz Schoellhorn eingeführt hatte, fand mit der Zeit in vielen Brauereien Anklang. Nicht ohne Stolz notiert Fritz Schoellhorn, dass seine Brauerei hier Pionierarbeit geleistet hatte. Dieser Filter trennt die Flüssigkeit, die sogenannte Maische, in zwei Bestandteile: Würze und Treber.

Damit konnte Haldengut die Qualität des Biers verbessern – aber das Winterthurer Bier schmeckte immer noch nicht wie das Münchner Bier. Dafür macht Fritz Schoellhorn eine Reihe von Faktoren verantwortlich, die er nicht alle beeinflussen konnte: Es beginnt mit der Qualität des Wassers, und hartes Wasser, wie es in Winterthur vorkommt, muss zuerst enthärtet werden. Auch spielt die Art der Erwärmung – mit Dampf oder mit Feuer – eine Rolle. Münchner Bier wird mit Feuer «gekocht», bei Haldengut benutzte man Dampf dafür. Sodann ist die Qualität von Malz und Hopfen wichtig, zentral sind die Qualität der Hefe, aber auch die rasche Kühlung der Maische nach dem Kochen. 1913 kaufte Fritz Schoellhorn eine Wasserenthärtungsanlage und erzielte damit Verbesserungen. Kennengelernt hatte er das Verfahren der Firma Schückher & Richter im Jahr 1911 am Brauerkongress in Chicago.

Die Aufzählung macht deutlich, welch komplexer Vorgang die Verbesserung der Bierqualität war. Fritz Schoellhorn hatte dafür aber ein wachsendes Verständnis und realisierte zunehmend, dass seine Hartnäckigkeit belohnt wurde: «Mein Streben war allezeit auf Verbesserung der Qualität der Biere gerichtet, dafür schien mir kein Opfer zu gross ... Das ‹soignez les détails› war mir in Fleisch und Blut übergegangen, und ich suchte diesen Geist auf alle, die im Geschäft tätig waren, zu übertragen. Einen Spruch, von dem ich durchdrungen war, liess ich im Sudhaus an die Wand malen: ‹Verlässlichkeit und Reinlichkeit sind Grundgesetze der Brauarbeit›.»

Perplex – keine Nachfrage nach alkoholfreiem Bier

Die Auseinandersetzung mit der Abstinenz-Bewegung war für Fritz Schoellhorn zu Beginn eine ständige Herausforderung. Von daher war er auch an der Produktion eines alkoholfreien Biers interessiert. Dass ein solches Produkt keine grossen Umsätze erzielen dürfte, war ihm wohl bewusst. Deshalb suchte er nach einem Bier, das er in Lizenz herstellen konnte, und wurde in Deutschland fündig. Mit drei deutschen Brauereien war er in Kontakt und forderte Proben an: mit der Karlsruher Brauereigesellschaft, der Brauerei Härle in Aulendorf in Baden-Württemberg und der Brauerei Schifferer in Kiel. Sie hatte das alkoholfreie Bier Perplex entwickelt und war am Verkauf von Lizenzen interessiert.

Zwar ist der Lizenzvertrag nicht erhalten, in der Korrespondenz aus den Jahren 1907 und 1908 werden aber neben Fragen der Abgabe pro Flasche vor allem eine Rayonregelung und eine Laufzeit besprochen. Je grösser der Rayon, desto höher die Lizenzgebühr. Die Abgabe pro verkaufte Flasche betrug ein Pfennig. Der Lizenzgeber hatte das Verfahren bewusst nicht patentieren lassen, denn damit hätte er sein Fabrikationsgeheimnis preisgeben müssen. Kannte man das Verfahren, so musste lediglich ein nicht näher definierter «Special-Apparat» angeschafft werden.

RESTAURANT GRUNAU

Links: Transport eines 32 Tonnen schweren neuen Dampfkessels um 1930 vom Sulzer-Areal zur Brauerei, aufgenommen auf der Kreuzung Neuwiesenstrasse/ Schützenstrasse. Solche Transporte wurden wiederholt publikumswirksam mit einer grossen Anzahl Haldengut-Pferde durchgeführt.

Rechts oben: Dampfkessel mit Kohlezufuhr nach 1895. Der linke Dampfkessel wurde auch schon von den Gebrüdern Sulzer geliefert.

Rechts unten: Diese Eiserzeugungsanlage um 1910 diente der Produktion von Stangeneis für die Eiskästen der Wirtekundschaft.

Zuvor wurde Eis im Winter aus lokalen oder notfalls aus entfernten Gewässern gebrochen und für die wärmere Jahreszeit eingelagert. Zu diesem Zweck wurde noch 1882 auch der unterste Walkeweiher erstellt. Die Brauereien lieferten ihr Eis noch bis in die zweite Hälfte des 20. Jahrhunderts an Wirtschaften.

Geschmacklich dürfte «Perplex» nicht befriedigend gewesen sein, in der Korrespondenz wird auf die Bedeutung der Ausschanktemperatur hingewiesen. Das Bier sei auch nicht in erster Linie für «Biertrinker, sondern lediglich für Frauen und Kinder, Kranke, Schwache und Reconvaleszente bestimmt. Wir verfolgen den Zweck, den Brauereien ein Mittel an die Hand zu geben, um gegen den Limonaden-Consum vorgehen zu können». Das alkoholfreie Bier von Haldengut fand bei den Konsumenten keine Gnade, die Produktion wurde nach kurzer Zeit wieder eingestellt. Das Thema blieb aber aktuell, und in den 1930er-Jahren kam Haldengut mit einem neuen bierähnlichen Produkt auf den Markt: Bivo – ein Malzgetränk mit Zitronenaroma. Im Krieg musste die Produktion wegen Zuckermangel eingestellt werden. Ab 1947 war Bivo wieder im Sortiment und wurde mit dem Slogan «Am Steuer Bivo trinken» speziell für Autofahrer empfohlen.

Vom Pferd zum Motorwagen

Ab 1905 begann Haldengut, Bierfässer und -flaschen mit Motorwagen zu transportieren, damit verloren die Pferde sukzessive an Bedeutung. Der Übergang vollzog sich, wie zu erwarten ist, nicht reibungslos. Pferde gehören zum Brauwesen, und das Pferd wurde zum Logo der Brauerei Haldengut. Fritz Schoellhorn war ein ausgesprochener Pferdeliebhaber und Kavallerist, und unter seinen vielen Publikationen findet sich auch eine Geschichte des Dragoner-Regiments 6, das die Jahre 1875–1924 abdeckt.

Pferde waren im 19. Jahrhundert weit mehr als nur Zugtiere für Fuhrwerke. Man nutzte sie auch als Antrieb für Kraftmaschinen in den Betrieben. Die Einrichtung war seit dem 14. Jahrhundert zunächst im Bergbau, später auch in der Landwirtschaft weit verbreitet und nannte sich Göpel. Der Begriff fand auch Eingang in die Alltagssprache, wurde dort aber etwas anders verwendet, nämlich für Fahrzeuge aller Art. Bereits 1876 wurden diese Göpel auch im Haldengut durch ein so genanntes Halblokomobil ersetzt: eine stationäre Dampfmaschine, die acht bis zehn PS lieferte. Ab ca. 1890 wurden die Dampfanlagen dann durch elektrische Motoren abgelöst. 1924 standen bereits über 200 Elektromotoren im Einsatz und lieferten Kraft im Umfang von 2100 PS.

Die Beschaffung der Motorwagen war Chefsache, und das galt auch für Personenfahrzeuge. Fritz Schoellhorn kaufte am 30. Mai 1908 ein Auto der französischen Marke Brasier bei der Uto-Garage in Zürich zum Preis von 15'000 Franken. Dass die Wahl gerade auf ein französisches Modell fiel, war kein Zufall: Frankreich war in der Frühzeit der Automobilindustrie weltweit führend.

Für die Fuhrwerke gab es aber vorderhand keine Alternative: 1898 hatte Haldengut einen Bestand von 18 Fuhrpferden, ausserdem sechs Zugochsen und drei Kühe. Im gleichen Jahr ereignete sich ein Unglück: Der Pferdestall brannte vollständig ab, und alle Pferde fanden dabei den Tod. Zwar wurden sofort neue Pferde angeschafft, ein vollwertiger Ersatz war aber schwierig. Viele dieser Pferde, darunter auch kräftige Belgier, waren den harten Anforderungen nicht gewachsen, sie «standen einfach um».

Pferde gehörten zum Betriebskapital, in einem Pferderegister wurde über ihre Qualitäten Buch geführt. Die Stute Stella zum Beispiel, die im Geschäftsjahr 1905/06 in den Betrieb kam, war mager und hatte eine Fesselverdickung, Casar II aus dem Jahr war hitzig und leistungsfähig, trotzdem ist er am 28. August 1895 «umgestanden». Cora I aus dem Jahr 1904 war blutarm und frass schlecht.

Ein anderes Pferd hatte die Unart des «Koppens», das heisst, es gab rülpserähnliche Laute von sich.

Der Aufwand für die Pferde wurde minutiös dokumentiert. Allein schon die Futtermenge ist beeindruckend, sie umfasst 8 Kilogramm Heu, 5,2 Kilogramm Hafer, 0,5 Kilogramm Treber (aus der Brauerei) und ebenso viel Zuckermelasse pro Tag. Total kostete ein Zweispänner, wie er für die Bierfuhren verwendet wurde, 6000 Franken im Jahr. Für seine Ausfahrten hielt sich Fritz Schoellhorn eine kleine Kutsche vom Typ Phaeton, für damalige Verhältnisse ein luxuriöses und prestigeträchtiges Fahrzeug.

Ärgernis motorisierter Verkehr

Fritz Schoellhorn kaufte 1905 die ersten drei Motorwagen beim Schweizer Hersteller Orion in Zürich – und zahlte dafür auch Lehrgeld: «Nicht selten mussten diese neuen Beförderungsmittel von den Pferden nach Hause gezogen werden, weil die noch unvollkommenen Maschinen versagten. 1914 wurden alle Motorwagen und alle Pferde der Brauerei eingezogen, man griff auf ältere Pferde zurück.» Das Auto hatte zu Beginn des 20. Jahrhunderts in der Schweiz einen holprigen Start. 1900 verbot die Bündner Kantonsregierung das Fahren mit Autos auf sämtlichen Strassen des Kantons; das Verbot wurde erst 1925 durch eine Volksabstimmung wieder aufgehoben. Trotz der verhältnismässig geringen Zahl waren die Motorwagen ein öffentliches Ärgernis, denn sie produzierten eine grosse Anzahl von Unfällen mit Toten. Fritz Schoellhorn meldete sich 1911 mit einem längeren Text beim «Neuen Winterthurer Tagblatt». Dort ging es um die Forderung nach Schlagbäumen, um den Autoverkehr einzuschränken. Fritz Schoellhorn schrieb vehement dagegen an und erkannte darin sogar eine «Automobilhetze». Verbote würden für die Inhaber von Geschäften zu einer ernsten Bedrohung. Er setzt sich zwar für ein rücksichtsvolles Fahren ein, zieht dann aber gegen die Fussgänger vom Leder: «Es ist eine liebe Gewohnheit vieler Leute, die Fahrstrassen als Spazierwege zu benutzen, die doch in erster Linie für den Fahrverkehr bestellt worden sind; denn für Fussgänger braucht man keine so breiten und teuren Strassen zu bauen. Von dieser Gewohnheit sollte das Publikum nach und nach abkommen und zum Spazierengehen Neben- & Seitenwege benutzen, die sind meist auch viel hübscher und im Sommer schattiger.»

Haldengut war mit der Qualität der Orion-Lastwagen alles andere als zufrieden, keiner der Wagen lief ohne Störungen, liest man in einem Brief vom 14. August 1905. Der Hersteller wies in einem anderen Brief darauf hin, dass Haldengut die Brücke mit 3000 Kilogramm überladen habe. Neben Störungen gab es auch Unfälle, die auf mangelnde Fahrpraxis der Fahrer zurückzuführen waren. In einem Brief vom 20. August 1905 ist von einem Wagen die Rede, der nachts um ein Uhr in Tagelswangen über ein Bord gefahren war und nur «mit grosser Mühe wieder auf die Strasse gebracht werden konnte. Und so haben wir noch weitere Fälle vernommen. Es ist klar, dass auf diese Art & Weise, wenn nicht momentan, so doch später, Störungen eintreten müssen.» Ein Teil der Korrespondenz wurde von Schoellhorn persönlich geführt, der einen sehr direkten Stil pflegte: «Hinsichtlich der Stimmung, die über Ihre Wagen herrscht, scheinen Sie schlecht orientiert zu sein, wenn Sie behaupten, wir seien die einzigen Abnehmer, die mit Ihren Wagen nicht zufrieden sind. Übrigens wären wir es nur zu gerne. Es wäre für Sie gewiss von grossem Vorteil, denn nächstes Jahr ist hier in Winterthur der Schweizerische Brauertag.»

356

BRAUEREI
504

Fritz Schoellhorn war Pionier in Sachen Motorisierung.

Links oben: Das für den Winter gerüstete «Geschäftsauto» mit Chauffeur im Pelz und Ketten an den Antriebsrädern zeugt auch mit der tiefen Nummer von dieser Pionierzeit.

Links unten: Die ersten drei Orion-Motorwagen in der Remise mit Reparaturwerkstätte. Sie kamen um 1905 in die Brauerei, «um da eine neue Quelle von Ärger und Verdruss zu bilden», wie Fritz Schoellhorn festhielt.

Rechts oben: Schon bald wurden diese abgelöst von Fahrzeugen von Saurer, ebenfalls noch mit Kettenantrieb.

Rechts unten: Die Motorisierung brachte auch neue Probleme mit sich: Velounfall mit einem Motorwagen von Haldengut 1912.

Vorreiter in der Motorisierung

Differenzen gab es auch in Bezug auf Zahlungsmodalitäten, und die zu gewährenden Rabatte und wegen der Ausrüstung der Wagen. Ab 1908 stellte Haldengut auf Motorwagen der Firma Saurer Arbon um. Orion stellte 1910 die Produktion von Motorwagen ein und beschränkte sich auf Reparaturen und die Herstellung von Kühlern. Haldengut verkaufte die Orion-Lastwagen nach und nach. Störungs- und reparaturanfällig waren allerdings auch die Lastwagen der Firma Saurer, trotzdem war ein Ersatz durch neue Wagen rentabler als eine Reparatur. Autos waren im Strassenbild von Winterthur und anderen Städten in den ersten Jahren des 20. Jahrhunderts eine Seltenheit. Das lässt sich auch an den Zahlen der registrierten Motorfahrzeuge in Winterthur ablesen, wobei es für die Periode von 1900 bis 1915 noch keine Zahlen gibt: 1916 waren in Winterthur erst 99 Motorfahrzeuge registriert, 29 Motorräder und 70 Motorwagen. 5 Motorwagen gehörten Haldengut, 4 dem Konsumverein, 2 der Lokomotivfabrik, 3 den Gebrüdern Sulzer, 6 der Garage Denzler. Damit hatte Haldengut 1916 eine der grössten Motorwagen-Flotten der Stadt.

1929 sehen die Zahlen schon ganz anders aus: Damals zählte man in Winterthur bereits 1200 Motorfahrzeuge. Die Statistik weist für die Brauerei Haldengut 4 Personenwagen, 9 Lastwagen und 7 Anhänger aus. Haldengut hatte weiterhin die grösste Flotte an Motorwagen in Winterthur, auch wenn Autos nun fest zum Stadtbild gehörten. Im Jahr 1931 hatte die Haldengut-Flotte weiter zugelegt: Sie zählte 15 Motorwagen verschiedener Grösse, 10 Anhängerwagen sowie 6 Personenautos. In drei Regiedepots ausserhalb von Winterthur waren in den Depots weitere 7 Motorwagen abgestellt.

Pferde werden zum Sympathieträger für Haldengut

In dem Masse, wie die Motorfahrzeuge das wichtigste Transportmittel bei Haldengut wurden, stieg auch die Erkenntnis über den emotionalen Wert der Pferde. Davon zeugt auch das Programm einer gesamtschweizerischen Fahrkonkurrenz, die am 1. Juni 1924 auf dem Kasernenhof in Zürich stattfand. Die Vierspänner der Brauereien Haldengut und Hürlimann waren eine der vielen Attraktionen. Brauereipferde blieben bis spät im 20. Jahrhundert ein Wahrzeichen vieler Brauereien, nicht nur in Winterthur. Haldengut lieferte bis in die 1960er-Jahre Bier mit Pferdefuhrwerken aus. Pferdefuhrwerke waren Zeugnisse der Vergangenheit, wie Fritz Schoellhorn in einem Artikel vom Juli 1931 vermerkt. 1930 hatte Haldengut die Installation eines neuen Dampfkessels von Sulzer zum Anlass genommen, einen Transport mit einem 18-Spänner durch die Stadt Winterthur zu inszenieren: «Am 11. Oktober 1930 wurden wohl zum letzten Mal 18 Pferde der Brauerei Haldengut zusammengespannt, als sie den neuen Dampfkessel von 32'000 kg Gewicht aus der Maschinenfabrik der Gebrüder Sulzer in Winterthur in die Brauerei zogen.»

Das Schweizer Bierkartell

1935 bis 1991 bestand in der Schweiz das sogenannte Bierkartell. Fast alle Brauereien waren an die Regeln dieser Konvention gebunden. Das Bierkartell von 1935 bündelte die verschiedenen Ideen, wie sie im Kundenschutzvertrag, im Sanierungsvertrag oder im Vorschlag von Fritz Schoellhorn festgeschrieben waren, und regelte Absatzgebiete, Biersorten (Rezepte), Preise, Gebinde und Nebenleistungen. Fast alle Brauereien waren beteiligt, Preise wurden verbindlich festgesetzt und die Biersorten normiert. Die Werbung für das Bier einer bestimmten Brauerei war nicht erlaubt. Gemeinsam warb man für Schweizer Bier. Partner waren die Wirte, vertreten durch den Wirteverband. Das Kartell war nicht unumstritten: Migros-Gründer Gottlieb Duttweiler kritisierte es schon 1947. Vor allem die Tatsache, dass Bier in den Wirtschaften billiger als jedes andere Getränk verkauft wurde, war ihm ein Dorn im Auge.

Das Kartell stellte aber nicht die einzige Wettbewerbseinschränkung dar. Der gegenseitige Kundenschutz zwischen den Brauereien basierte auf dem Umstand, dass der Staat keine zusätzlichen oder neuen Wirtschaften mit Alkoholausschank zuliess – dies bis zur Liberalisierung der Gastronomie in den 1990er-Jahren. Seit 1934 kennt die Schweiz auch eine Biersteuer, aber keine Weinsteuer. Die Steuer ist abhängig vom Alkoholgehalt der Biersorte und der Grösse der Brauerei. Für einen Liter Lagerbier bezahlt der Konsument heute gut 25 Rappen Biersteuer. 2023 nahm der Bund damit gut 112 Millionen Franken ein. Die Steuerabgaben konnte das Bierkartell nicht verhindern.

Denner-Gründer Karl Schweri nahm 1969 den Kampf mit dem Bierkartell auf. 1991 wurde es aufgelöst. Damit war der Weg frei für eine neue Dynamik. Viele traditionelle kleine Brauereien verschwanden, die grossen schlossen sich zusammen und wurden von ausländischen Konzernen übernommen. Viele neue Mikrobrauereien wurden gegründet. In dieser Phase übernahm Haldengut die Calanda Bräu Chur und die Marke Ittinger. Heineken hatte sich schon früher an Calanda beteiligt und übernahm 1993 die damalige Calanda-Haldengut. 2002 wurde die Brauerei in Winterthur stillgelegt.

Absprachen aller Art in einer Branche gelten heute als illegal und werden im Kartellgesetz reglementiert und von der Wettbewerbskommission überwacht. Das war nicht immer so. Noch in den 1950er-Jahren wurden sie als Garant einer ausgewogenen Volkswirtschaft und als sozialpolitisch willkommenes Instrument angesehen. Branchenabsprachen verstanden sich als Marktordnung. Sie führten oft zu höheren Preisen, schlechterer Qualität und ausbleibender Innovation. Das Bierkartell beschränkte den Wettbewerb zwischen den Brauereien, führte zu tieferen Kosten, aber nicht zu einem hohen Bierpreis. Die grösseren Brauereien wuchsen nicht wegen ihrer Markenstärke oder der Qualität des Biers. Sie kauften kleinere Brauereien und konnten so auch deren Absatzstellen übernehmen.

Lange lieferten Brauereien ihr Bier ausschliesslich in Holzfässern an Wirtshäuser und hatten eigene Küfereien. Ein Heimkonsum existierte praktisch nicht.

Gegen Ende des 19. Jahrhunderts kam auch Bier in Flaschen auf, was mit zunehmender Popularität eine Automatisierung und technische Optimierung der Abfüllung und Flaschenreinigung erforderte. Die Holzfässer wurden später durch Aluminiumfässer und diese durch die heutigen «Keg» aus Chromstahl abgelöst.

Links: Fassfüllerei um 1905.

Rechts: Flaschen-Wascherei und -Füllerei um 1913 in der Brauerei Haldengut.

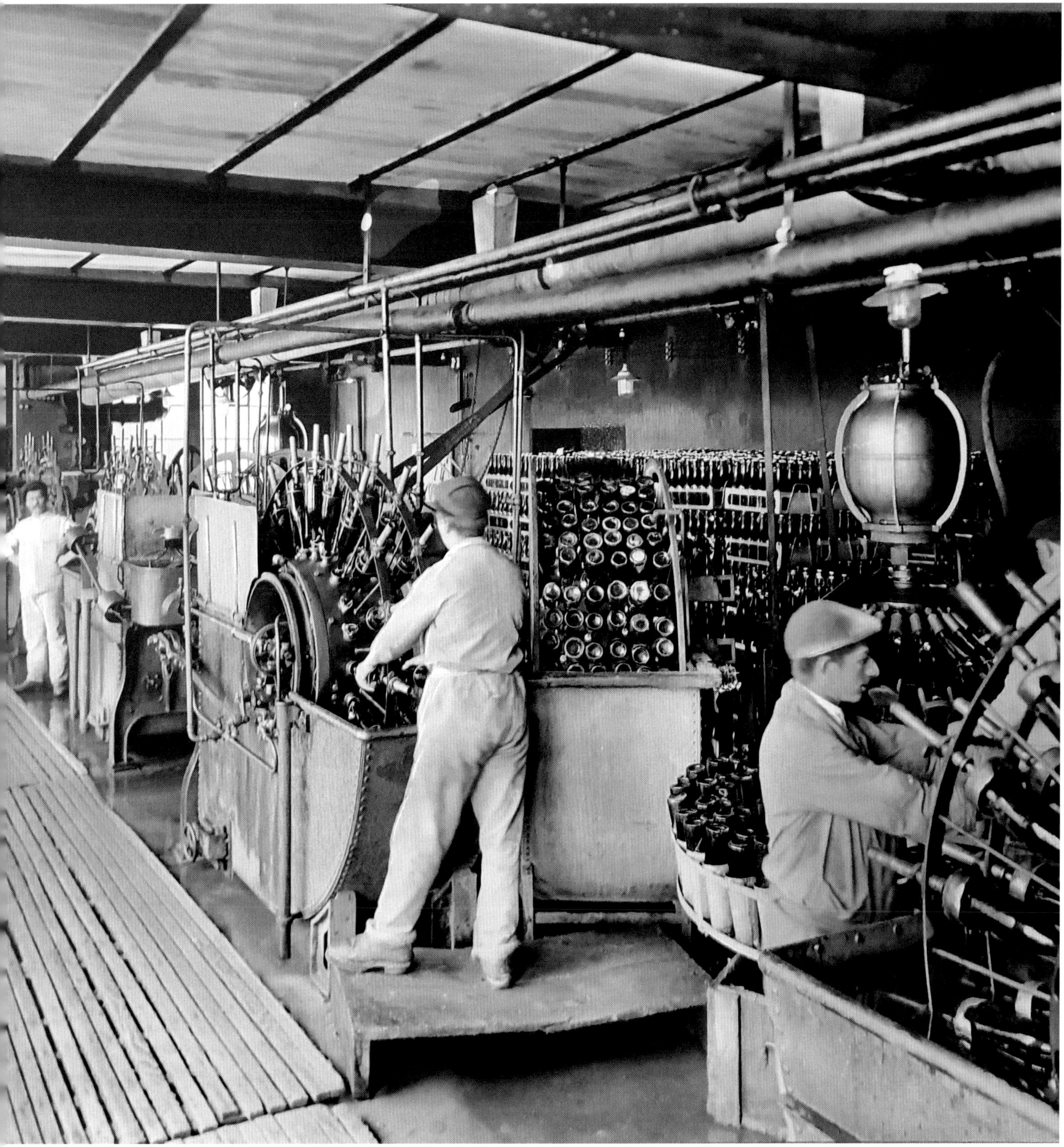

Vom Kundenschutzvertrag zum Bierkartell

In der Zeit von 1900 bis 1920 hatte der industrielle Fortschritt die Brauereibranche verändert: Die Transportkapazitäten wurden dank dem Ausbau der Bahn und der Strassen grösser, die Brauereien mussten hohe Investitionen für moderne Kühl- und Eisanlagen vornehmen. Auch der Bau der Anlagen für die Flaschenbierherstellung erforderte Ressourcen, der Bierausstoss vergrösserte sich massiv, allerdings sank auch der Bierpreis drastisch: Zahlte man 1880 für das Bier noch 30 Franken pro Hektoliter, so waren es um 1900 nur noch 24 Franken. Gleichzeitig wurde das Flaschenbier immer beliebter, denn es versprach dem Kunden gleichbleibende Qualität.
Die Brauereien standen in einem zerstörerischen Wettbewerb. In der zeitgenössischen Literatur ist immer wieder von «Hektoliterjagd» die Rede. Viele Betriebe konnten nicht mehr mithalten, kleinere Betriebe wurden von grösseren gekauft und anschliessend stillgelegt. 1883 gab es noch 423 Brauereien, 1890 waren es noch 340 und 1911 schliesslich noch 138. 19 davon waren Grossbetriebe mit einem Ausstoss von über 50'000 Hektolitern. Die Wirte erwarteten erhebliche Vorleistungen von den Brauereien: Mobiliar, Gläser, die Ausschankinstallationen und das Buffet. Auch Eis für die Kühlung mussten die Brauereien gratis liefern. In vielen Fällen übernahmen die Brauereien Bürgschaften für die Wirte oder kauften gleich die ganze Liegenschaft. Die Belastungen waren gerade für kleinere Brauereien kaum mehr tragbar.

1907 brachte im Kanton Zürich ein Vertrag etwas Ruhe in die Diskussion, der auch von anderen Kantonen übernommen wurde. Er trug den etwas irreführenden Titel «Kundenschutzvertrag», denn er schützte eigentlich eher die Brauereien als die Kunden. So ein Zitat aus dem Vertrag: «Kein Kontrahent liefert an einen Kunden eines anderen Kontrahenten Bier direkt oder indirekt oder lässt ohne ausdrückliche Zustimmung des letzteren liefern.» Der Kundenschutzvertrag, der bereits 1910 wieder auslief, führte zu einer gewissen Beruhigung. In der Zeit des Ersten Weltkriegs zwischen 1914 und 1918 verschlechterte sich die Situation: Das Personal in der Produktion und in der Administration wurde eingezogen, ebenso der Fuhrpark. Die Produktion brach ein, Rohstoffe wurden rar, Preise stiegen, und das bisher geltende Surrogatsverbot wurde bröckelig. Dabei handelt es sich um eine Bestimmung, die dem deutschen Reinheitsgebot ähnelt und den Ersatz von Malz und Gerste durch Mais, Weizen, Roggen und andere Getreide verbot. Die Bestimmung war ab 1901 in den Statuten des Verbandes verankert, nicht jedoch im Schweizer Lebensmittelgesetz.

Gesamtschweizerischer Zusammenschluss

Fritz Schoellhorn hielt sich von der Politik fern – das galt aber nicht für die Branchen- oder Vereinspolitik. Im 1877 gegründeten Schweizer Bierbrauerverein engagierte er sich leidenschaftlich mit Vorträgen, Vorstössen und Konzepten. So trat er 1919 mit einem aufsehenerregenden Vorschlag an die Öffentlichkeit. Titel: «Grundzüge eines Projektes zur umfassenden Sanierung des schweizerischen Braugewerbes». Der Inhalt war explosiv, er sah einen Zusammenschluss aller Schweizer Brauereien vor, sorgfältig gestaltete Grafiken illustrierten seine Analyse.

Zwei Jahre später, im Jahr 1921, liess er die Studie auch drucken. Der Haldengut-Direktor strebte darin eine umfassende Sanierung der Branche an, er wollte sich nicht auf die «Abstellung einzelner Missstände» beschränken. Die Sanierung sei im Interesse aller, der

Brauereien, der Depothalter, der Wirte und des Publikums. Um dies zu erreichen, sei ein Zusammenschluss aller schweizerischen Brauereien anzustreben. Es müsse dafür gesorgt werden, dass eine Konkurrenz, welche die Verwirklichung der gesteckten Ziele gefährde, wirksam bekämpft werden könne. Fritz Schoellhorn hatte seinen Vorschlag gründlich durchdacht und mit zwei aussagekräftigen Grafiken illustriert: Darin wird das Einzugsgebiet jeder Brauerei grafisch umrissen. Explosiv dabei war: Rund zwei Dutzend kleinere Brauereien, vor allem in der Ostschweiz, sollten nach diesem Vorschlag gar geschlossen werden, eine eigentliche Konzentration von solch kleinen zu schliessenden Betrieben sah er in der Region Appenzell. Seine Diagnose war vernichtend: «Die meisten Schweizer Brauereien gleichen Bäumen, die schnell emporgeschossen und nicht unter der Schere gehalten worden sind. Sie haben üppige Seitensprossen getrieben, die nun so an ihrem Mark saugen, dass ihr weiteres Gedeihen gefährdet ist. Ruhe, Waffenstillstand auf der ganzen Linie muss die Lösung sein.»

Der Vorschlag von Fritz Schoellhorn war zum Zeitpunkt seiner Veröffentlichung im Jahr 1921 bereits überholt: Brauereien und Wirte hatte sich kurz zuvor auf einen fünfjährigen Sanierungsvorschlag von 1920–1925 geeinigt. Er garantierte allen Brauereien ihre festen Absatzstellen und unterdrückte damit die Konkurrenz. Die Ausrichtung von Nebenleistungen an Wirtshäuser wurde massiv eingeschränkt und auf die Finanzierung des Ausschank-Buffets beschränkt. Weitere Leistungen wie Schenkungen von Mobiliar, Gläsern und Zelten waren untersagt. Auch die Bezahlung von Personal, so genannten Schankburschen, und die Übernahme von Bürgschaften für Wirtschaften wurden verboten. Gleichzeitig hob der Bund die Zölle für ausländische Biere an. Damit hatte sich die Situation beruhigt.

Qualität aus der Flasche

Zu den grossen Innovationen zu Beginn des 20. Jahrhunderts gehörte die Einführung der Bierflasche, auch Haldengut musste da mitmachen. Die Vorteile lagen auf der Hand: Der Bügelverschluss hielt das Kohlendioxyd sicher zurück und ermöglichte Flasche für Flasche einen Biergenuss von höchster Qualität. Um beim Flaschengeschäft dabei zu sein, brauchte es Investitionen. Eine frühe Flasche mit Bier von Haldengut ist aus den 1880er-Jahren erhalten. Sie ist allerdings noch mit einem Korken verschlossen. Erst das Aufkommen des Bügelverschlusses, der bereits 1875 patentiert worden war, machte das Flaschengeschäft attraktiv. Neben Begeisterung für die Innovation gab es auch Skepsis, vor allem in der Arbeiterschaft: Das Bier aus der Flasche sei gesundheitsschädlich, hiess es.

Um die Jahrhundertwende dürfte die Kapazität der Flaschenfüllerei in der Brauerei Haldengut bei rund 250 Flaschen pro Stunde gelegen haben. 1928 wurde eine komplett neue Anlage in Betrieb genommen, sie ermöglichte eine Stundenleistung von 6000 Flaschen. Auch die Reinigung der Flaschen erfolgte mechanisch.

Flaschenbierwagen um 1905. Die Bierflaschen standen in metallenen Kisten, Vorläufern der heutigen Harasse.

Fassbierwagen um 1905. Damit wurde Bier an die lokalen Wirtschaften geliefert.

Unrentables Flaschengeschäft

1890 kostete eine Flasche Bier mit 0,6 Liter 28 Rappen, 1893 noch 20 Rappen und später nur noch 12 Rappen. Zwei Probleme ergaben sich aber beim Verkauf: Der mangelhafte Rücklauf machte das Geschäft unrentabel. Die Einführung des Pfandsystems brachte Abhilfe, allerdings funktionierte es erst nach einer Erhöhung des Pfands von 10 auf 30 Rappen. Flaschen waren kostbar, das Pfand kostete mehr als der Inhalt. Schwieriger war das zweite Problem: Der Verkauf «über die Gasse» war für die Wirte ein lohnendes Geschäft. Nun mischten aber plötzlich Zwischenhändler mit, in der Regel waren es Italiener, welche ihre Kundschaft direkt belieferten. Versuche, dies zu verbieten, hatten aber keinen Erfolg, und so mussten die Wirte lernen, mit der ungeliebten Konkurrenz zu leben. Ein Detailhandel mit Bier kam erst gegen Mitte des 20. Jahrhunderts auf.

Fritz Schoellhorn konnte den Boom nutzen

In den Jahren 1880 bis 1930 erlebte Winterthur – mit einer Unterbrechung durch den Ersten Weltkrieg – einen Aufschwung. 1898 wurden die Schweizerischen Bundesbahnen SBB gegründet, damit waren die Voraussetzungen für ein weiteres Wirtschaftswachstum gegeben. Die grossen Firmen wuchsen und mit ihnen auch viele kleinere, die von ihnen abhängig waren. Die Konjunktur bescherte der Stadt wachsende Steuereinnahmen und die Bevölkerung wuchs. Nach der Eingemeindung von 1922 zählte die Stadt bereits 50'000 Einwohner. Bei Haldengut arbeiteten in jener Zeit 114 Personen, 16 davon im Büro. Weitere 18 in den Depots St. Gallen, Zürich, Schaffhausen und Einsiedeln. Ein Gruppenbild vom 30. Juni 1928 zeigt 174 Personen, mitgerechnet ist auch der Verwaltungsrat.

Fritz Schoellhorn hatte die Probleme der Brauerei überwunden, die Hausaufgaben gemacht und konnte damit von diesem Aufschwung profitieren. Das war allerdings nur möglich dank seiner systematischen Art, die Probleme anzupacken. Zudem hielt er sich durch gründliches Literaturstudium, Korrespondenz und regelmässige Reisen à jour. Es zeichnet ihn aus, dass er nicht nur für seinen Betrieb dachte, sondern die Branche als Ganzes im Auge behielt. Aus den Unterlagen entsteht das Bild eines äusserst wachen und engagierten Patrons, der sich ein umfassendes Fachwissen angeeignet hatte und der nicht nur die Fachliteratur kannte, sondern diese Erkenntnisse auch umsetzen konnte.

So wird Bier gebraut

Die Herstellung von Bier ist ein komplexer Vorgang mit nur vier Zutaten: Wasser, Gerste, Hopfen und Hefe – aber es sind einige Schritte bis zum Bier. Viel Wissen und Erfahrung sind erforderlich, um den Brauprozess erfolgreich zu meistern. Heute hilft die Technik, im 19. Jahrhundert war dies schwieriger.

Mälzen und darren: Die Gerste wird zunächst gereinigt und dann in feuchtwarmem Klima zum Keimen gebracht. Der Keimprozess wird durch heisse Luft gestoppt, die Brauer sprechen von darren. Das Produkt heisst Malz und wird heute von den Brauereien fertig beschafft. Für dunkles Bier wird das Malz noch geröstet.

Schroten und maischen: Das Malz wird grob gemahlen, also geschrotet, und mit Brauwasser in den Maischbottich gegeben. Dieser Kessel wird stufenweise erhitzt, dabei bauen Enzyme aus dem Malz die Stärke zu Malzzucker ab.

Läutern: Die festen und flüssigen Bestandteile der Maische werden im Läuterbottich getrennt. Der flüssige Teil heisst Würze und wird später zu Bier. Die festen Teile werden Treber genannt. Haldengut nutzte diesen als Futter für die Pferde, heute wird Treber als Futterzusatz in der Landwirtschaft verwendet.

Würzekochen: Nun wird der Würze Hopfen beigesetzt, dann wird sie gekocht. Der Hopfen gibt Aroma-, Bitter- und Gerbstoffe ab und verhalf früher dem Bier zu besserer Haltbarkeit. Der herbe Geschmack ist abhängig von der zugegebenen Menge teuren Hopfens. Die Würze wird anschliessend geklärt und gekühlt und so für die Gärung vorbereitet.

Gären: Erst jetzt wird Hefe beigegeben, man nennt dies anstellen. Die Hefe wandelt den Malzzucker in Alkohol und Kohlensäure um. Sie bleibt im Bier und sorgt für die prickelnde Charakteristik. Dieser Prozess dauert rund eine Woche. Die Regelung der Temperatur für die Kühlung ist entscheidend für die spätere Qualität: Obergärige Hefen vergären bei Temperaturen zwischen 15 und 24 Grad Celsius, untergärige bei 8 bis 10 Grad.

Lagern und Abfüllen: Bei tiefen Temperaturen reift das Bier nun während vier bis sechs Wochen. Anschliessend wird es filtriert und abgefüllt: früher in Fässer, später in Tanks für den Offenausschank oder in Flaschen und Dosen für den Privatkonsum, aber immer möglichst geschützt vor Sonnenlicht, das dem Bier schadet.

Fritz Schoellhorn hat diesen Prozess um 1910 von einem der bekanntesten Fotografen seiner Zeit dokumentieren lassen: Hermann Linck (1866–1938). Dessen Vater Johannes Linck war Mitte des 19. Jahrhunderts aus Baden-Württemberg gekommen. Johannes und Hermann Linck gehörten zu den wichtigen Schweizer Industriefotografen, sie betrieben ein erfolgreiches Fotostudio in Winterthur und haben ein reiches Werk hinterlassen. Auch weitere Familienmitglieder waren in der Fotografie tätig. Die Brauerei Haldengut hat die Fotos von Hermann Linck während Jahren für Marketing und Dokumentation genutzt.

1908 erwarb Fritz Schoellhorn den Bauernhof Güetli auf dem Wolfensberg über Veltheim. Dort fanden auch die Brauereifeste mit Angestellten, Arbeitern und deren Familien statt.

Dieses Bild vom 22. September 1922 zeigt Fritz im Anzug mit Hut, flankiert von seinen Söhnen Hans (mit Zylinder), Kurt (ebenfalls verkleidet) und Georg (mit Krawatte).

Der Patron, seine Brauerei und Winterthur

Nadia Pettannice

Im Firmenarchiv von Haldengut sind Hunderte von Dossiers erhalten, die das Aussergewöhnliche im Alltäglichen dokumentieren. Dabei entwickelte der Patron zu Beginn des 20. Jahrhunderts Grundsätze, die zu festen Traditionslinien wurden. Diese sollten weit über seinen Tod hinausreichen und massgeblich dazu beitragen, dass die Brauerei Haldengut bald nicht mehr aus Winterthur wegzudenken war.

Die grosse Brauereifamilie

Fritz Schoellhorns Vision eines idealen Unternehmens war jene einer grossen Brauereifamilie mit einem starken Patron an der Spitze. Zwischen 1902 und 1928 erlebte er den Übergang zu einem entlöhnten Arbeitsbetrieb mit einer 48-Stunden-Woche. Schoellhorn schrieb: «Der zünftige Brauereibursche ist durch den klassenbewussten Arbeiter ersetzt worden, die Brauerei ist zur Fabrik, das Braugewerbe zur Brauindustrie geworden.» Statt lediger Brauereiburschen zählten nun Arbeiterfamilien mit Kind und Kegel zur erweiterten Belegschaft, und Fritz Schoellhorn wollte, dass auch diese sich mit der Brauerei identifizierten.

So lud er regelmässig zu grossen Waldfesten und Angestelltenessen ein. Ebenso gab es grosse Weihnachtsfeiern, an denen Fritz Schoellhorn persönlich Geschenke ausgab. Dabei verzichtete er auf die traditionellen Zigarren und Weinflaschen für die Herren. Stattdessen überreichte er den Müttern einen «Foifliiber», damit sie für die insgesamt 131 Kinder unter 14 Jahren ein individuelles Geschenk kaufen konnten. Er erklärte: «Wein ist bald getrunken, die Zigarren schnell verpafft, und es bleibt nichts als allenfalls ein schwerer Kopf. Ist es nicht vernünftiger, wir setzen alle Mütter in den Stand, ihren Kindern eine Freude zu machen. [...] Die Ledigen kommen dabei allerdings zu kurz. Ihnen kann ich nur den Rat geben, auch zu heiraten.»

Der Patron hielt viel auf Loyalität. Er war der Meinung, dass ein guter Mitarbeiter durch gute Behandlung und Erfolgsbeteiligung gehalten werde, während die anderen ruhig zur Konkurrenz abwandern dürften. Eine gemeinsame Beteiligung am Gelingen der Brauerei war ihm wichtig, und so mochte er es auch nicht, wenn sich die Arbeiter bei ihm über Probleme beklagten. Stattdessen rief er sie ab 1902 dazu auf, gleich konkrete Verbesserungsvorschläge einzureichen. Für gute Ideen winkte eine damals sehr grosszügige Prämie von 50 bis zu 500 Franken. Die Praxis zeigte aber, dass die Kritik wesentlich einfacher war als die Lösungsfindung. 1903 gab er entrüstet zu Protokoll, dass «noch nicht ein einziger Verbesserungsvorschlag gemacht wurde! Bei einem Bestande von 70 und mehr Arbeitern wahrlich eine bemühende Tatsache!» Künftig war das Einsenden von jährlich drei Anregungen obligatorisch.

Mit der Ausbeute war der Oberst – wie Fritz Schoellhorn auch in der Firma oft genannt wurde – immer noch nicht zufrieden. Sein damaliger Braumeister Bibus bemerkte dazu: «Für mich ist dies ja besser, denn eigentlich hätte ich die jämmerlichste Figur gemacht, wenn viel Brauchbares angeregt worden wäre.» Dem widersprach der Patron und gab zu bedenken, dass selbst er sich nicht in jedem Detail auskenne und deshalb lieber auf die Erfahrung jener vertrauen wollte, die «tagtäglich mit der Nase» auf ein Problem stiessen. Dieses «betriebliche Vorschlagswesen» wurde zu einem wichtigen Teil der Unternehmenskultur und machte bald auch in anderen Betrieben Schule.

Fritz Schoellhorn überzeugte den Verwaltungsrat, grosszügiger zu sein, als vorgeschrieben war. So traf er Massnahmen zur sozialen Absicherung über Geschäftssparkassen sowie Unterstützungs- und Arbeitslosenfonds. 1904 eröffnete die Brauerei ein schönes neues «Speisehaus», und Fritz Schoellhorn gab bei seiner Einweihungsrede zu, dass er das Gebäude in erster Linie sich selbst zuliebe gebaut habe und sich damit «von einem längst gehegten peinlichen Gefühl befreite, dem Gefühle, dass die Räume, welche wir unseren Leuten zum Aufenthalt anweisen konnten, nicht mehr zeitgemäss seien». Gleichzeitig ermahnte er seine Arbeiter, ihm keine Dankeskarten zu schicken – die er sonst immer erwartete. Danach folgte eine bedeutungsschwangere Rede über die Zuverlässigkeit des Arbeiters und wie diese durch die Vorgesetzten durch Belehrungen anerzogen werden müsse. Dabei bemerkte er: «Mich würde es nicht wundern, wenn die meisten von Ihnen glauben würden, ich sei ein mürrischer Herr, der immer nur tadeln könne, denn wenn alles in Ordnung ist, habe ich nichts zu sagen!» Schliesslich betonte er in aller Dringlichkeit: «Das Wohl und Wehe des Unternehmens ist auch Ihr Wohl und Wehe. Helfen Sie uns, wo Sie Gelegenheiten haben, es wird Ihr eigener Vorteil sein!»

Fabrikhygiene und Wohlfahrtsmassnahmen

Dass Fritz Schoellhorn durchaus bereit war, gute Arbeit und Loyalität zu belohnen, zeigte er auch gleich am Eröffnungsakt, denn im neuen Speisesaal liess er eine grosse Marmortafel anbringen, auf der in goldenen Lettern fortan alle Mitarbeitenden verewigt wurden, die ein Dienstjubiläum feierten. Die Arbeiter nahmen aber nicht nur ihre Mahlzeiten im Speisehaus ein, sondern sie hatten auch kostenlosen Zugang zu einem Baderaum mit Duschen. Dies war wichtig, denn bis in die 1950er-Jahre hinein besassen Wohnhäuser in der Regel kein Badezimmer. Wie die Industriefirmen Rieter AG und Gebrüder Sulzer AG baute auch die Brauerei Haldengut Arbeiterhäuser für die Belegschaft. Dafür wurden die Immobiliengenossenschaften Ceres und Linden gegründet. Die Brauerei baute bis 1922 drei Arbeiterhäuser mit sieben Wohnungen und zehn Arbeiterchalets in Veltheim. Hinzu kamen weitere sieben Arbeiterhäuser im Schellengütli mit 14 Wohnungen. Die Häuser dienten als günstiger Wohnraum für die Arbeiterfamilien.

1907 fanden die Waldfest- und Weihnachtstraditionen aufgrund zunehmender Spannungen zwischen den Arbeitern und der Betriebsleitung ein jähes Ende. Dokumentiert sind diese Konflikte in den Protokollen der Arbeiterkommission. Solche Kommissionen gab es vereinzelt schon in grösseren Industriebetrieben, damit die Arbeiter ihre Anliegen direkt bei der Geschäftsleitung deponieren konnten. Fritz Schoellhorn hatte eine solche 1902 ins Leben gerufen. Für ihn war dies der erste Schritt für eine spätere Umwandlung des Unternehmens in eine Genossenschaftsbrauerei. Er war der tiefsten Überzeugung, dass die direkte Beteiligung der Arbeiterschaft der Schlüssel für eine erfolgreiche und nachhaltige Unternehmensentwicklung darstellte. Das waren Werte, die um 1900 noch kaum verfingen, sondern erst nach dem Eindruck des Generalstreiks von 1918 in der Neuen Helvetischen Gesellschaft und der Freimaurerloge vermehrt diskutiert wurden. Ziel war es, den gesellschaftlichen Graben zwischen der Arbeiterschicht und dem Bürgertum zu überwinden.

Oben: Die Belegschaft der Brauerei Haldengut nach Gründung der Aktiengesellschaft 1889. Sitzend von links: Buchhalter Fischer, Direktor Fritz Schoellhorn, Braumeister Bibus.

Fritz Schoellhorn lag es stets am Herzen, dass verdiente Mitarbeitende angemessen gewürdigt werden. Zu ihren Ehren liess er um 1928 ein Gedenkbuch mit Portraitaufnahmen erstellen. Neben den Namen und Funktionen sind die geleisteten Dienstjahre festgehalten. Viele Mitarbeitende blieben der Brauerei über 20 Jahre oder sogar ihr ganzes Berufsleben lang treu. Haldengut führte die Tradition fort: Insgesamt sind drei Mitarbeiteralben aus dem Zeitraum von 1928 bis 1954 überliefert.

Linke Seite unten: Der Deckel des ersten Albums.

Rechte Seite: Eine Auswahl von Portraits über die Jahre. Erstes Bild von Ferdinand Ernst-Sulzberger, Gründer der Brauerei Haldengut.

Ferdinand Ernst-Sulzberger
Gründer der Brauerei & Eigentümer

Hans Ernst-Ziegler Eigentümer
1875 - 1889

Chr. Markstahler
Braufuhrer
1916 - 1932

Meinrad Heinzer
Chauffeur
1906 - 1938

Albert Cattaneo
Hilfsarbeiter
1924 - 1940

Martha Böckli
Spetterin
1910 - 1940

Georg Luck Braumeister
1873 - 1875

Georg Rickenbach
Maurer
1903 - 1941

Adolf Meier Bierführer
Materialverwalter
1892 - 1927

Johann Helg
Mitfahrer
1919 - 1942

Reinhold Göggel Braumeister
1861 - 1870

Gärtner, Frieden & Sohn
† 17. Mai 1933

Ernst Kronauer Buchhalter
1890 - 1925

Ulrich Rutishauser Reisender
1887 - 1900
Franz Beles Reisender
1880 - 1891

Konrad Koch
Sattler
1905 - 1915 1919 - 1936

Jakob Keller Brauer
1872 - 1922

Hans Hansen Braumeister & Techn. Dir.
1903 - 1909

Heinrich Bibus Braumeister & Direktor
1887 - 1906

Heinrich Wipf Zimmermann
1870 - 1913

Franz Nonnenmacher Vertreter
1894 - 1927

Mitsprache durch Arbeiterkommissionen

In der Arbeiterkommission waren fünf Fachbereiche vertreten, nämlich die Maschinisten und Heizer, die Brauer und Küfer, die Fahrknechte, die Hilfsarbeiter und die Berufshandwerker. Insgesamt zählte die Brauerei Haldengut 1907 etwa 51 Arbeiter, wobei die Brauer und Küfer mit 15 Personen die grösste Gruppe bildeten. Gewählte Vertrauensmänner vertraten die Fachbereiche an den Kommissionssitzungen. Keinen Einsitz in die Arbeiterkommission hatten die Angestellten. Bei ihnen handelte es sich um jene Berufsgruppen, die im Gegensatz zu den Arbeitern nicht überwiegend körperlich, sondern kaufmännisch oder im Bürobereich tätig waren, dazu zählten die Bierreisenden, Kaufleute, Geschäftsführer sowie die Schreiberinnen und Schreiber.

Möglicherweise war Fritz Schoellhorn etwas blauäugig gewesen, als er die Kommissionsmitglieder dazu ermunterte, «ihre Anliegen rückhaltlos vorzubringen» und jedes Thema wohlwollend zu prüfen versprach. Solche Fehleinschätzungen passierten ihm häufig, da er davon ausging, dass seine Arbeiter sich mit dem gleichen Eifer für die Firma einsetzen würden wie er. Dem war aber nicht so, wie er wiederholt enttäuscht feststellen musste. Schon bald wandelten sich die Anliegen zu Beschwerden und die Beschwerden zu energischen Forderungen. Statt des angedachten gemütlichen Biergartens hatte Fritz Schoellhorn eine Arena für den Arbeiterkampf geschaffen. Er selbst begab sich regelmässig in den Ring und versuchte den Arbeiterfrieden zu wahren, ohne zu viele geschäftsschädigende Zugeständnisse zu machen. Die diskutierten Themen reichten von der Anschaffung eines Kaffeekochers über Lohnfragen, Pausenzeitenregelungen, Ordnung im Geschäft sowie Debatten rund um die Einführung einer Betriebskrankenkasse. Der Oberst war der Auffassung, dass ein Unternehmer stets auch Vorbild und Erzieher sein müsse, und so trat er auch auf: streng, fordernd, manchmal lobend, weit öfter belehrend und auch tadelnd. So beschwerte er sich einmal «über das lärmende Geschwätz, das stets im Flaschenfüllkeller gehört wird». Die Brauerei Haldengut kannte keine Betriebsgeheimnisse, alle Arbeiter waren stets über den Gang der Geschäfte informiert, und wenn jemand einen Unfug anstellte, musste er auch mit seinem Namen dafür geradestehen. Die Arbeiterkommission behandelte also Probleme, die direkt den Tagesbetrieb betrafen, während die Gewerkschaften und der Brauereiverband um die Arbeitsbedingungen stritten.

So verhandelte Fritz Schoellhorn unablässig über Pausenzeiten, die er dann von 15 Minuten auf 30 erhöhte, über Löhne und auch den Einsatz von Tagelöhnern, welche die Brauer energisch als unerwünschte Konkurrenz bekämpften. Von allen Gruppen hielt Fritz Schoellhorn jene der Brauer und Küfer für die anspruchsvollste, und das störte ihn besonders, weil es sich dabei um seine bestbezahlten Arbeiter handelte. Wenn er ihren Begehren jeweils nicht entsprach, erklärten sie die gesamte Kommission kurzerhand für unnütz und drohten 1908 gar damit, keinen Vertreter mehr zu stellen. Der Patron versuchte dabei, seinen Standpunkt zu erläutern und erklärte – gerne auch ausufernd – weshalb er auf eine Forderung nicht eintrat. Wenn es hart auf hart kam, sprach er ein Machtwort.

Oft nutzten die Vertrauensmänner die Sitzungen aber auch für Nebensächlichkeiten und trugen Einzelfälle vor, um den üblichen Dienstweg über den direkten Vorgesetzten zu umgehen, was dem Patron sauer aufstiess.

Die angespannte Beziehung zwischen den Arbeitern und Meistern gehörte zu den grössten Unruheherden im Betrieb. Die Meister rekrutierten sich aus der Arbeiterschaft, und so wurden aus ehemaligen Kollegen plötzlich Vorgesetzte. Die Vorarbeiter hatten manchmal Mühe, sich den nötigen Respekt zu verschaffen, und griffen daher häufig zum Mittel der Kündigung. Dadurch sorgten sie aber für eine derart hohe Personalfluktuation, dass der Betrieb darunter litt. Fritz Schoellhorn entzog ihnen deshalb dieses Recht wieder. Fortan konnten die Meister zwar noch eine Kündigung beantragen, mussten diese aber schriftlich begründen und dem Direktor vortragen. Immer wieder erhoben einzelne Arbeiter danach den Vorwurf, dass die Meister sie «drangsalierten», ihre Freunde bevorzugten, sie für alles Mögliche «denunzierten» oder gar beschimpften.

Führung durch Vorbild

Bei derlei Konflikten tendierte Fritz Schoellhorn dazu, die Höhergestellten in die Pflicht zu nehmen. So ermahnte er seine Arbeiter, dass sie die Lehrjungen nicht mit Schimpfworten belegen sollten, da sie ihnen gegenüber als Vorgesetzte auftreten und ein Vorbild sein müssten. Da Schoellhorn an das Prinzip der «Führung durch Vorbild» glaubte, erwartete er von seinen Vorarbeitern und Arbeitern viel – und von seinen Söhnen und sich selbst am meisten. Disziplin und Reinlichkeit waren ihm heilig, und zwar so sehr, dass er als penibel galt.

Die Arbeit war körperlich anstrengend, der Umgangston rau. Schon 1895 hatte Fritz Schoellhorn deshalb ein «Arbeiter-Conduite-Buch» eingeführt. Darin liess er jegliches schlechte Benehmen seiner Belegschaft protokollieren. Zu den gängigen Verfehlungen zählten Beleidigungen, Unachtsamkeit, Trunkenheit, unentschuldigte Absenzen, Schlägereien, Fahrlässigkeit, Rauchen im Geschäft sowie «Schwatzen und Nichtstun».

Fritz Schoellhorn war ein Gegner von Arbeiteraufsehern, wie sie in anderen Brauereien im Einsatz standen. Stattdessen baute er die Brauerei mittels eines ausgedehnten Rapportwesens zu einem Überwachungssystem aus. Alle Mitarbeitenden mussten jedes aussergewöhnliche Vorkommnis melden, und der Patron konnte sehr umfangreiche Nachforschungen anstellen, wenn jemand ein Gerücht verbreitete. So wusste der Patron auch haargenau, welche seiner Mitarbeitenden in ihrer Freizeit fremdes Bier konsumierten. Er machte sie in der Arbeiterkommissionssitzung darauf aufmerksam, dass er ihnen zwar nicht die Wahl des Biers vorschreiben wolle, es aber doch befremdlich finde, wenn sie andere Brauereien bevorzugten. Ebenfalls inspizierte er regelmässig seinen Betrieb, und zwar zu jeder erdenklichen Tages- und Nachtzeit. So beobachtete er eines Abends, wie einer seiner Fuhrknechte ohne brennende Gaskerzen mit der Kutsche durch die Gegend brauste. Zur Rede gestellt, wollte dieser seinem Chef weismachen, dass die Kerzen gerade vom Wind ausgeblasen worden seien – nur blöd, dass die Laternen gar keine Kerzen enthielten. Wenn der Oberst etwas nicht leiden konnte, dann war es Unaufrichtigkeit und «dummes Geschwätz». Kündigungen waren eher selten, umso mehr hagelte es Standpauken sowie schriftliche Verweise. Einzelne Mitarbeitende liessen sich davon aber nicht beeindrucken und brachten es über die Jahre auf stattliche Sündenregister. Nachsichtig war Fritz Schoellhorn, wenn das schlechte Verhalten aus der Not geboren war, z. B. wenn Arbeiter Kohl oder Kartoffeln aus der Gärtnerei stahlen, um ihre Familien durchzubringen.

VERLÄSSLICHKEIT UND REINLICHKEIT SIND GRUNDGESETZ DER BRAUARBEIT

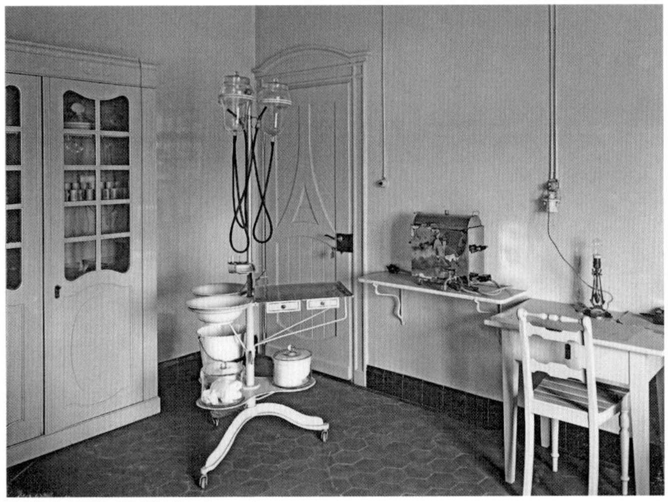

Ganz oben: Im dreibändigen Werk über die Brauerei Haldengut von 1842–1918 schrieb Fritz Schoellhorn: «Einen Spruch, von dem ich durchdrungen war, liess ich im Sudhaus an die Wand malen: ‹Verlässlichkeit und Reinlichkeit sind Grundgesetz der Brauarbeit› Ihn findet man noch heute beim Eingang zum Haldengut-Areal.»

Oben im Uhrzeigersinn: Ein Badezimmer, die Geschäftsklinik, die Garderobe, Waschgelegenheiten und WC-Anlagen.

Rechts: Eine Besonderheit war das betriebseigene Schwimmbad an der Ecke Brauer-/Hopfenstrasse, gleich neben Pferdekoppel und Misthaufen. Aufnahme um 1913.

Lohn statt Freibier

Als erster Brauereibetreiber in der Schweiz hatte Fritz Schoellhorn per 1. Februar 1894 den traditionellen «Schoppen» abgeschafft. Dabei handelte es sich um ein tägliches den Arbeitern zustehendes Kontingent von fünf bis sieben Litern Bier, das ein Teil der Entlöhnung war und mittels Marken bezogen werden konnte. Der Gerstensaft diente damals als Grundnahrungsmittel und Kalorienlieferant. Vielerorts war Bier auch eine Alternative zu qualitativ schlechtem Trinkwasser, wobei dies in Winterthur dank ausgezeichnetem Quellwasser weniger ein Problem war. Fritz Schoellhorn strich nun das Freibier und zahlte seinen Arbeitern stattdessen monatlich 20 Franken mehr Lohn aus. Ganz auf dem Trockenen sassen sie aber nicht, denn sie konnten zu einem vergünstigten Preis Marken beziehen und diese nach der Schicht gegen Bier eintauschen. Ihr Feierabendbier konnten sie dann auch im «Sternenkeller» geniessen, wie die eigenen Lokale in den Brauereien oft hiessen.

Bald musste Fritz Schoellhorn feststellen, dass die Arbeiter zwar das Geld gerne nahmen, aber nicht auf ihren «Schoppen» verzichten wollten und sich deshalb immer wieder heimlich an den Biervorräten gütlich taten. Anfänglich waren es Einzelfälle, doch zwischen 1906 und 1909 verschwanden derart grosse Mengen, dass er das Thema regelmässig an den Arbeiterkonferenzen zur Sprache brachte. Während Fritz Schoellhorn die Vorfälle als «Bierdiebstahl» taxierte und juristisch verfolgen liess, stellten sich führende Mitglieder der Arbeiterkommission auf den Standpunkt, dass es sich nicht um ein Verbrechen handle, sondern um einen durch die Aufhebung des Freibiers verursachten «Bierversorgungsengpass». Sie argumentierten, dass Brauereiarbeiter ein Recht auf das von ihnen produzierte Bier hätten. Ein zur Klärung des Disputs in Auftrag gegebenes Rechtsgutachten bestätigte jedoch die Position des Patrons.

Auch die Forderung, das Freibier wieder einzuführen, lehnte Fritz Schoellhorn zuerst kategorisch ab. Er bemerkte, dass der Bierausschank nicht nur schädlich für das Geschäft sei, sondern es «für die Gesundheit der Arbeiter ganz erheblich besser wäre, wenn sie während einiger Stunden des Tags auf Biergenuss verzichten würden». Darüber hinaus wies er darauf hin, dass die Unfallversicherung erst kürzlich die Police wegen «allzu vielen Unfällen» gekündigt habe. Tatsächlich verzeichnete Haldengut von allen Schweizer Brauereien die meisten Betriebsunfälle, was einen Versicherungsvertreter zur Frage verleitete, ob in Winterthur eigentlich alle betrunken seien. An diesem Vorwurf war mehr dran, als der Patron offiziell eingestehen wollte. Immer wieder mussten Arbeiter auf die «schädlichen Auswirkungen des Alkoholgenusses auf die Gesundheit» aufmerksam gemacht oder gar wegen Trunkenheit nach Hause geschickt werden. Ein staatlich verhängtes Alkoholverbot am Arbeitsplatz gab es nicht – und hat es auch bis heute nie gegeben. Bei der Haldengut waren einzig die Fuhrmänner zur konsequenten Nüchternheit aufgefordert – woran sie sich selten hielten.

Als Kompromiss bestimmte Fritz Schoellhorn einen Vertrauensmann, der jedem Arbeiter zur Mittagszeit eine Flasche Bier aushändigte. Die Mitarbeiter mussten ihre 1- bis 1,5-Literflaschen selbst besorgen und bei Arbeitsbeginn zum Abfüllen abgeben. Doch nur wenige Wochen später liess sich wieder ein Arbeiter auf frischer Tat beim Bierstehlen ertappen. Er hatte sich zwei Flaschen von einem für den Transport vorbereiteten Fässchen abgezapft und damit sogar den Kunden bestohlen, wofür er die fristlose Entlassung erhielt. Die Arbeiterkommission setzte sich in der Folge für ihren Kollegen ein und forderte die Auflösung der Kündigung. Sie schlug vor, den vielen Bierdiebstählen durch die Einführung von Bussen und Strafarbeit Herr zu werden. Fritz Schoellhorn meinte verärgert: «Das aber ist der Dank für das seitens der Brauereileitung bewiesene Entgegenkommen in Sachen der Bierversorgung?» Vom Bussensystem hielt der Patron gar nichts. Solche illoyalen Sünden sollten nicht reingewaschen werden können, sondern gar nicht erst passieren.

Ein orchestrierter Bierdiebstahl

1908 eskalierte die Situation: Ein Brauer ging plötzlich auf seinen Kollegen los und schlug diesen halb tot. Im Schwurgerichtsverfahren kam ans Licht, dass Brauer Burkhard sich geweigert hatte, bei einer «organisierten Bierstehlerei, die von den Sudhausarbeitern etc. trotz aller Vermahnungen weitergetrieben wurde», mitzumachen. Um den dreisten Dieben auf die Spur zu kommen, liess der damalige technische Direktor Hans Hansen alle Bierkellertüren heimlich mit Papierstreifen verkleben. Er stellte fest, dass einzelne Kellertüren jeweils in der Nacht geöffnet wurden. Darauf liess er sich und den Betriebskontrolleur am 28. Dezember 1908 im Lagerkeller einschliessen. Prompt tauchten zwei Mitarbeitende auf, die aus einem Lagerfass etwa 40 Liter Bier abzapften. Der erste Maschinist Walder hatte eine Kopie des Nachtschlüssels angefertigt und jeweils bei seiner letzten Runde den Keller über den Hof betreten und die Türe von innen entriegelt. Pikant an der Sache war, dass der Drahtzieher Walder damals Präsident der Arbeiterkommission war und in seiner Funktion versprochen hatte, die Bierdiebstähle zu verhindern. Stattdessen hatte er sie drei Jahre lang selbst organisiert und die ganze Nachtschicht in den Schwindel miteinbezogen. Aufgrund der gestohlenen Menge ging die Geschäftsleitung davon aus, dass vermutlich der überwiegende Teil der Belegschaft involviert gewesen sein musste. Fritz Schoellhorn taxierte diesen Vorfall als Hochverrat und liess alle Mitarbeitenden verhören. Diese Befragungen nahmen dabei inquisitorische Züge an und empörten die Belegschaft, die sich zu Unrecht unter Generalverdacht gestellt fühlte. Erst später sollte sich herausstellen, dass einzelne Mitarbeitende sogar mit dem gestohlenen Bier gehandelt hatten. Fünf Arbeiter erhielten die fristlose Kündigung, neun weitere kamen mit einem Verweis davon. Auf eine Anzeige verzichtete Fritz Schoellhorn aus Rücksicht auf die Familien.

Die Stimmung befand sich auf einem Tiefpunkt. Die Arbeiter waren wegen den Befragungen beleidigt, und Fritz Schoellhorn war tief gekränkt. Nur vier Tage vor dem Eklat hatte die Firma den Mitarbeitenden zu Weihnachten eine freiwillige Zulage von insgesamt 16'350 Franken ausbezahlt. Nach dem Vorfall liess der Patron in Erfahrung bringen, wer sich für diesen grosszügigen Zustupf überhaupt bedankt hatte. Es war nur ein einziger Arbeiter gewesen! So gab Fritz Schoellhorn zu Protokoll: «Es muss wohl daraus der Schluss gezogen werden, dass diese Leistungen von unseren Arbeitern nicht gebührend geschätzt werden.» Der Patron und die Arbeiter stritten sich weiter um die Konsequenzen des Bierdiebstahls, und für einen Tag streikte die Belegschaft sogar und drohte mit Boykott.

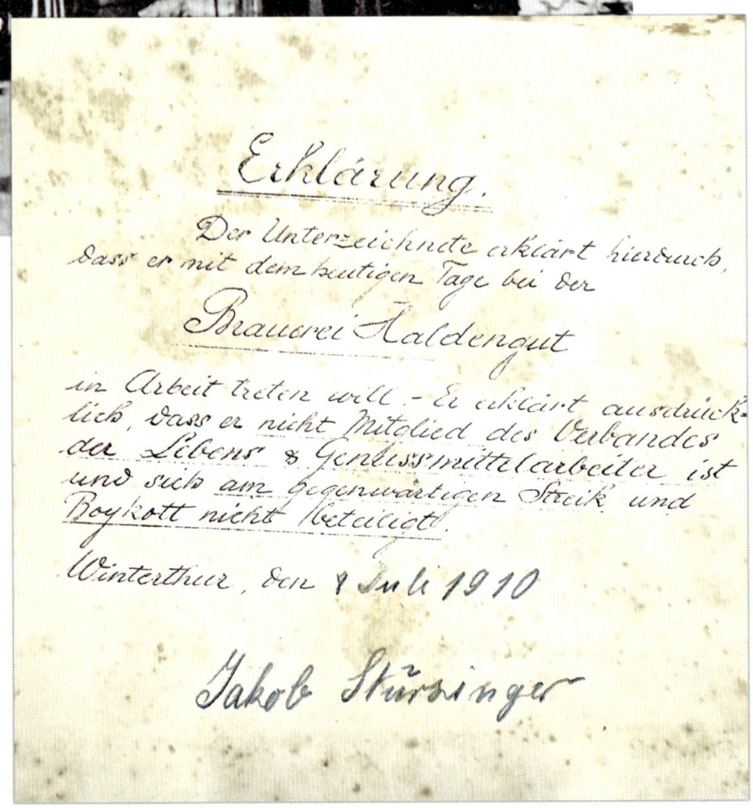

Erklärung.

Der Unterzeichnete erklärt hierdurch, dass er mit dem heutigen Tage bei der

Brauerei Haldengut

in Arbeit treten will. – Er erklärt ausdrücklich, dass er nicht Mitglied des Verbandes der Lebens- & Genussmittelarbeiter ist und sich am gegenwärtigen Streik und Boykott nicht beteiligt.

Winterthur, den 4 Juli 1910

Jakob Stürzinger

Links und rechts oben: Generalstreik in Winterthur 1918. Arbeitskämpfe fanden in der Brauerei Haldengut, aber auch in Unternehmen anderer Branchen statt.

Der Generalstreik von 1918 verlief in Winterthur weitgehend friedlich. Trotz Zugeständnissen an die Arbeiterschaft flauten die Streiks erst ab 1919 allmählich ab.

Linke Seite unten: Einzelne Mitarbeitende von Haldengut gaben 1910 eine schriftliche Erklärung ab, dass sie sich am ausgerufenen Streik nicht beteiligen.

Die Protokolle der Haldengut-Arbeiterkommission zeigen, dass die Beziehung zwischen Brauereileitung und Arbeiterschaft spannungsvoll war. Aber auch im Zeitalter des Arbeitskampfs etablierten Fabrikherren neue Wohlfahrtsmassnahmen.

Rechts: Arbeiterchalets der Brauerei Haldengut auf dem Wolfensberg um 1920.

Brauereiboykott und Streik

Was in der Brauerei Haldengut im Kleinen geschah, spielte sich in der ganzen Branche ab. Am 1. Oktober 1909 war der Tarifvertrag zwischen dem Lebens- und Genussmittelarbeiter-Verband und dem Schweizerischen Bierbrauerverband ausgelaufen. Seither stritt man sich um neue Tarife. Die Gewerkschaft forderte Einschränkungen im Kündigungsrecht, bessere Löhne und die Wiedereinführung des sogenannten Arbeitsnachweises, womit nur noch in Fachvereinen organisierte Brauer hätten eingestellt werden dürfen. Die Brauereien lehnten ab. Die Arbeiterunion Zürich rief ab dem 20. Juni 1910 zum Boykott mehrerer Brauereien auf. Der Schweizerische Brauereiverband erklärte als Gegenmassnahme eine Art Bündnisfall. Alle Brauereien waren angehalten, sich an der Entlassung von schweizweit 25 Prozent der im Verband der Lebens- und Genussmittelarbeiter organisierten Brauereiarbeiter zu beteiligen, falls der Boykott bis zum 30. Juni nicht aufgehoben sei. Dabei mussten die Firmeninhaber zuerst in Erfahrung bringen, welche ihrer Arbeiter überhaupt Gewerkschaftsmitglieder waren und welche nicht. Gegenseitige Bespitzelungen und Aushorchungen waren fortan die Regel, und nicht selten agierten die Haldengutwirte als erweiterte Ohren der Fabrikleitung. Nachdem die Frist ungenutzt verstrichen war, machte Fritz Schoellhorn am 2. Juli 1910 die Drohung wahr und kündigte 13 Arbeitern. Zwei Tage später traten 57 Mann in den Streik, und die Arbeiterunion Winterthur rief zum Boykott des Haldengutbiers auf. Die Streikenden postierten sich vor der Brauerei und versuchten ihre Kollegen von der Arbeit fernzuhalten.

Um den Betrieb aufrechterhalten zu können, mussten nun die Angestellten in die Bresche springen und die verbleibenden Arbeiter unterstützen. Mit vereinten Kräften gelang es ihnen, den Kundenbetrieb nach nur acht Tagen wieder aufzunehmen. Weil mit Ausnahme eines einzigen Lastwagens der gesamte Fuhrpark lahmgelegt war, bat Fritz Schoellhorn seine lokale Kundschaft darum, ihren Bierbedarf selbst in der Brauerei abzuholen. Diese kamen der Bitte in grosser Zahl nach, und so mussten die Streikposten zerknirscht zusehen, wie munter Wagen voller Bier aus der Fabrik herausfuhren. Sie merkten nun, dass ihr Kampfmittel nicht zum Ziel führen würde. Also konzentrierten sie sich vermehrt auf den Boykott, begannen, die Trottoirs mit Teerfarbe zu verschmieren und schrieben «Trinkt kein boykottiertes Bier!». In der «Winterthurer Arbeiterzeitung» machten sie heftig Stimmung gegen die Geschäftsführung und die Angestellten, diffamierten sie auf persönlicher Ebene und publizierten ihre Gehälter. Ebenfalls liessen sie verkünden, dass Arbeiter, die boykottiertes Bier trinken, schlimmer seien als Streikbrecher: «Solche Schwächlinge sind nicht würdig, länger Mitglieder der modernen Arbeiterbewegung zu sein.» So gerieten die Brauereiarbeiter bald mit dem Bahnpersonal und den Metallarbeitern aneinander, denn nur wenige wollten oder konnten auf ihr Bier verzichten. Einige Streikende schreckten auch vor Sabotage nicht zurück und spannten die Fuhrwagen der Kundschaft aus oder entfernten gar die Stifte aus den Radachsen. Da sie dadurch schwere Unfälle in Kauf nahmen, verspielten sie sich die Gunst der Zeitungen und der Öffentlichkeit.

Der Brauereiverband ging seinerseits äusserst hart vor und drohte am 13. Juli mit der Entlassung sämtlicher 5000 Mitglieder des Verbands der Lebens- und Genussmittelarbeiter – unabhängig davon, ob sie sich am Streik beteiligten oder nicht. Die Betroffenen bangten nun um ihre Existenz, und der Druck auf die rund 1250 Streikenden stieg. Gleichzeitig leerte sich die Streikkasse. Nach fünf Wochen waren die Mittel erschöpft, und die Gewerkschaft bemühte sich darum, wenigstens die Arbeitsstellen noch zu retten. Rund 500 Betroffene wurden sofort, weitere 200 zu einem späteren Zeitpunkt wieder eingestellt. Die restlichen Forderungen musste die Gewerkschaft fallen lassen, und so endete der Bierkampf in einer totalen Niederlage der Arbeiterschaft.

Wenige Zugeständnisse

Der Schweizerische Bierbrauerverband diktierte nun neue Anstellungsbedingungen, ohne mit den Gewerkschaften zu verhandeln. Enthalten waren moderate Verbesserungen: So senkte er die Arbeitszeit von 10 auf 9 Stunden. Ebenso wurden minimale Stundenlöhne festgesetzt und der Ferienanspruch für Mitarbeitende, die schon seit zwei Jahren im Dienst waren, von 4 auf 6 Tage pro Jahr erhöht. Ebenfalls gab er den 1. Mai frei. Diese kargen Zugeständnisse offenbaren die harte Arbeitsrealität in den Betrieben und die Abhängigkeit der Arbeitenden von den Firmenherren. Im Gegensatz zu anderen Industrien fehlte es den Arbeitnehmenden an griffigen Druckmitteln.

Im Zeitalter des Arbeiterkampfs war es aber auch für die Fabrikherren gar nicht so einfach, neue Wohlfahrtsmassnahmen zu etablieren. Das Misstrauen war so hoch, dass alle Vorschläge unter dem Generalverdacht standen, eine geheime und für die Arbeiterschaft nachteilige Agenda zu haben. So scheiterte Fritz Schoellhorn mit seinem Anliegen, die gegenseitige Kündigungsfrist für Arbeiter, die schon länger als drei Jahre im Betrieb waren, von 14 Tagen auf 3 Monate zu erhöhen. Der Fabrikherr argumentierte, dass ein verheirateter Familienvater etwas Zeit brauchen würde, um eine neue Anstellung zu finden. Die Arbeitervertreter sahen darin einen Versuch, die Arbeiter vom Unternehmen abhängig zu machen. Auch mit seiner Idee, über 60-jährige Arbeiter bei gleichem Lohn eine Stunde weniger lang arbeiten zu lassen, drang er nicht durch. Das fanden die Jüngeren unfair. Ein weiteres von Fritz Schoellhorn energisch vertretenes Anliegen war die Gewinnbeteiligung der Arbeiter. Er führte dividendengestützte Genussscheine ein, die ab dem dritten Dienstjahr bezogen werden konnten. Die Prämie wurde entrichtet, sobald eine Dividende von mindestens 7 % ausgeschüttet werden konnte. Bei 12 % kam es zu einer Verdoppelung. Die Scheine konnten nach 25 Dienstjahren, bei Erreichen des 60. Altersjahrs oder im Todesfall gegen Bargeld eingetauscht werden. Damit schuf Schoellhorn – über 40 Jahre vor der Einführung der AHV – eine betriebliche Altersvorsorge.

Was auf den ersten Blick attraktiv klingt, hatte vor allem erhebliche Vorteile für die Firma. Da die Ausschüttung vom Geschäftsgang abhängig war, fielen in schlechten Jahren keine Fixkosten an, was bei einem höheren Lohnniveau der Fall gewesen wäre. Die Arbeiterkommission bekämpfte die Idee und pochte auf höhere Löhne. Weil konstruktive Diskussionen kaum mehr möglich waren, erklärte Fritz Schoellhorn die Arbeiterkommission ab 1911 für gescheitert und begrub auch die Idee einer Genossenschaftsbrauerei. «Nicht Friede, sondern Kampf war die Parole der Gegner!» Bis 1917 fand keine Arbeiterkommissionssitzung mehr statt. Ohnehin war der Betrieb bald mit Problemen konfrontiert, die weit über die internen Streitereien hinausreichten.

Die Jahre während und nach dem Ersten Weltkrieg bedeuteten einen tiefen Einschnitt in der Geschichte der Brauerei. Nicht nur mangelte es an importierten Rohstoffen wie Malz und Hopfen, es fehlte auch an Kaufkraft für den Konsum und an Arbeitskräften und Pferden. Viele deutsche Mitarbeiter wurden eingezogen und einige davon verloren ihr Leben im Krieg.

Oben: Die Brauerei stellte ihre Einrichtungen unter anderem für eine Obsttrocknerei der Stadt zur Verfügung.

Unten: Die in der Brauerei verbliebenen Pferde erhielten nur noch eine Kriegsration. Das Bild zeigt das Wägen der Pferde auf der Brückenwaage beim heutigen Haldengut-Kreisel, dahinter die Villa Haldenrain des kaufmännischen Direktors.

Oben: Grippeepidemie 1918 während der Zeit des Aktivdiensts von Fritz Schoellhorn (rechts) vor dem Notspital in Bern.

Unten: Nach dem Krieg ging es nur langsam wieder aufwärts. Mit dem dekorierten Fuhrwerk vor dem Bahnhof Winterthur feierte die Brauerei 1925 einen Meilenstein: «Wieder 100'000 hl erreicht» war auf dem obersten Fass zu lesen.

Vor dem Krieg bezeichnete man etwa ein Dutzend Brauereien ab diesem Absatzvolumen als «Schweizerische Grossbrauerei».

Ausharren im Ersten Weltkrieg

Am 1. August 1914 brach der Erste Weltkrieg aus. Mit 62 Mann rückte die Hälfte der Belegschaft in den Kriegsdienst ein, hinzu kamen 21 eingezogene Pferde und drei Motorwagen. Während es für die Schweizer Arbeiter an die Grenze ging, mussten deren deutsche Kameraden an die Front ausrücken. 13 von ihnen sollten ihr Leben lassen. Weil alle an einen kurzen Krieg glaubten, bezahlte die Brauerei Haldengut den Soldatenfrauen den vollen Lohn. Schon bald musste die Unterstützung gekürzt werden. Der Handel mit Gerste und Malz brach beinahe komplett ein, und die Brauereien mussten von ihren Vorräten zehren und das Bier strecken. Darunter litten die Qualität und der gute Ruf. Hart traf es auch die Brauereipferde, die unter der Haferknappheit litten und nur noch «Hungerrationen» erhielten. Für die Arbeiterfamilien liess der Patron einen grossen Kartoffelacker anlegen und richtete eine Obsttrocknerei ein.

Neben der Rohstoffknappheit setzte den Brauereien auch der steigende Bierpreis beziehungsweise die damit sinkende Nachfrage zu. Kleinere Betriebe konnten sich nicht mehr halten und stellten ihre Produktion ein. Um ihre Kundschaft weiter bedienen zu können, begannen sie von den umliegenden Grossbrauereien zu günstigen Konditionen Bier zu beziehen. Fritz Schoellhorn kaufte dabei nicht die Katze im Sack, sondern prüfte die Bonität der Betriebe. Diese Dienstleistung stellten ihm sogenannte «Auskunfteien» zur Verfügung. Es handelte sich um Büros, die ihre Mitarbeitenden losschickten, um Auskünfte über die Zahlungsmoral und den Ruf der entsprechenden Betriebe einzuholen. So heisst es beispielsweise über die Bierbrauerin Anna Sonderegger aus Altstätten: «Das Unternehmen befindet sich an günstiger Lage und wird, wenn in richtigen Händen, reüssieren. Man hat indessen den Eindruck, dass die Angefragte nicht die richtige Person für solches ist, sie zeigt sich als Geschäftsfrau nicht immer von der praktischen Seite, und als Wirtin ist sie etwas zu vorlaut. [...]» Trotz dieser Bedenken ging Haldengut das Geschäft ein. Die Brauerei Haldengut hatte genügend Reserven und schaffte es ohne Entlassungen durch die Krise.

Mit jeder verstrichenen Kriegswoche segelten neue Bettelbriefe ins Haus. Die Brauerei unterstützte während des Kriegs diverse Hilfsorganisationen in Winterthur, der Schweiz und in Deutschland sowie einzelne Privatpersonen mit insgesamt mehreren hunderttausend Franken. Weil Fritz Schoellhorn möglichst viele Hilfsgesuche berücksichtigte, fielen die einzelnen Spenden nicht so hoch aus, was vielleicht mit ein Grund ist, weshalb er zeitlebens – wie schon sein Vater – nicht als bedeutender Winterthurer Förderer wahrgenommen wurde, obwohl er schon seit 1900 regelmässig grössere Summen spendete. So unterstützte er regelmässig das Rote Kreuz, den Verkehrs- und Verschönerungs-Verein sowie den Frauenbund und Armenverein Winterthur mit mehreren tausend Franken. Weiter beteiligte er sich finanziell am Bau des Kindergartens im inneren Lind, des Kunstmuseums und der katholischen Kirche in Töss.

Im Visier der Antialkoholbewegung

Während des Ersten Weltkriegs tat sich abseits der Schützengräben noch eine zweite Front auf, die Fritz Schoellhorn über Jahre hinweg fordern sollte: Der sogenannte «Abstinenzkrieg». Die Abstinenz- respektive Antialkoholbewegung nutzte das Momentum und startete mitten in den Zeiten von Rohstoffknappheit und

Absatzschwierigkeiten einen Frontalangriff auf die angeschlagene Alkoholindustrie. Es entbrannte eine heftige Debatte über die schädlichen Auswirkungen der Trinkgewohnheiten der Schweizer Männer auf die Kriegsbereitschaft. Dabei argumentierten die Gegner nicht nur mit den gesellschaftlichen Folgen des Alkoholismus, sondern prangerten gleichzeitig auch den durch die Alkoholindustrie verursachten Getreide- und Zuckerverbrauch an. Es könne nicht sein, dass das Bier günstiger zu haben sei als Brot.

Schutzverband gegen «Abstinenzapostel»

Die Situation war bedrohlich genug, dass der seit 1911 bestehende, aber unter Gründungsschwierigkeiten leidende Schweizerische Schutzverband gegen die Übergriffe der Abstinenzbewegung sich nun zu einem aktiv operierenden Organ für die Alkoholindustrie entwickelte. Fritz Schoellhorn war selbst nicht überzeugt vom Verband. Die Weinhändler waren ihm sowieso ungeliebte Konkurrenten, und mit den Spirituosenherstellern wollte er eigentlich nicht zusammenspannen. Diese machte er nämlich für die ganze Alkoholmisere verantwortlich, während das Bier in seinen Augen ein nahrhaftes und gesundes Lebensmittel war. Weil der Schweizerische Brauereiverband Mitglied wurde, betätigte auch er sich an den gemeinsamen Aktionen.

Der Schutzverband überwachte die ganze Berichterstattung in den Zeitungen und stufte die einzelnen Blätter nach ihrer «Abstinenzfreundlichkeit» ein. In Winterthur liess Schoellhorn den «Landboten», das «Neue Winterthurer Tagblatt» und die «Arbeiterzeitung» kontrollieren. Ebenfalls informierte der Verband die Mitglieder «über Auftreten der Abstinenzapostel in Versammlungen», sowie über behördliche Massnahmen im Zusammenhang mit der Alkoholfrage. Dieser Schutzverband betonte stets, dass er sich nicht grundsätzlich gegen die Anliegen der Antialkoholbewegung richtete, sondern dann einschreiten wollte, «wo die Abstinenzbewegung in ihrem Drange, Gutes zu wirken, die ihr gegebene Richtlinie verlässt […]». Das hiess konkret, dass auch die alkoholproduzierende Branche sich eingestand, dass ihre Produkte gewisse gesellschaftliche Probleme verursachten, gleichzeitig versuchte sie aber, die Abstinenzler als radikale Fanatiker zu diffamieren und damit Gesetzesverschärfungen zu verhindern. Dabei spielten die «Abstinenzler» dem Schutzverband oft in die Hände, denn viele von ihnen bewegten sich mit ihren Aktionen tatsächlich gerne ausserhalb des gesetzlichen Rahmens. Weil sich in der Bewegung auch auffallend viele Frauen exponierten, die nach dem Vorbild von Amerika die Einführung der Prohibition forderten, wendete die Alkoholindustrie erhebliche Summen für den Kampf gegen das Frauenstimmrecht auf, worüber zwischen 1919 und 1921 in mehreren Kantonen abgestimmt wurde.

In der Region Winterthur waren mindestens acht verschiedene Abstinentenvereine aktiv, die sich im Abstinentenverband Winterthur zusammengeschlossen hatten und sich in den Zeitungen austobten: Dazu zählte der Verein abstinenter Kaufleute, der Verband abstinenter Frauen, der Alkoholgegnerbund, die katholische Abstinentenliga und verschiedene Guttemplerlogen. Diese nahmen die Brauerei Haldengut bald ins Visier.

Eine Gruppe junger Frauen und Männer des Winterthurer Guttemplerordens brachte im Sommer 1922 Protestkleber «Alkohol ist Gift» in ganz Winterthur an – und schickte einen davon persönlich an den Haldengut-Patron.

Oben: Vorder- und Rückseite einer Postkarte mit einem Protestkleber, adressiert an Direktor Schoellhorn.

Rechts: Fritz Schoellhorns Reaktion im Landboten am 18. August 1922.

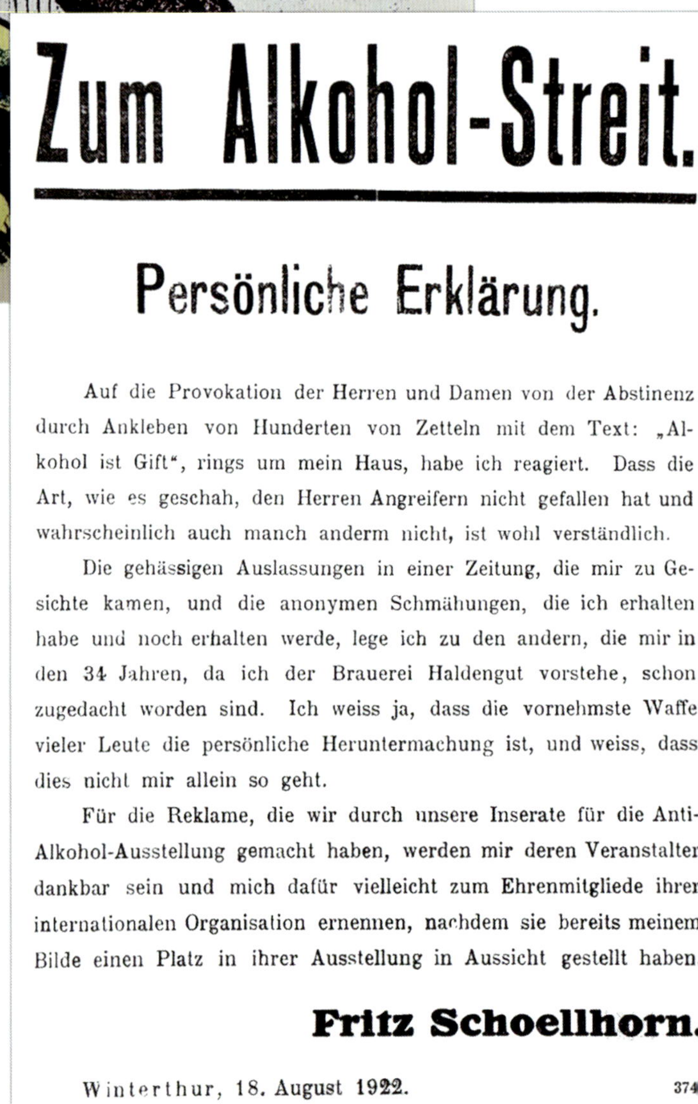

Zum Alkohol-Streit.

Persönliche Erklärung.

Auf die Provokation der Herren und Damen von der Abstinenz durch Ankleben von Hunderten von Zetteln mit dem Text: „Alkohol ist Gift“, rings um mein Haus, habe ich reagiert. Dass die Art, wie es geschah, den Herren Angreifern nicht gefallen hat und wahrscheinlich auch manch anderm nicht, ist wohl verständlich.

Die gehässigen Auslassungen in einer Zeitung, die mir zu Gesichte kamen, und die anonymen Schmähungen, die ich erhalten habe und noch erhalten werde, lege ich zu den andern, die mir in den 34 Jahren, da ich der Brauerei Haldengut vorstehe, schon zugedacht worden sind. Ich weiss ja, dass die vornehmste Waffe vieler Leute die persönliche Heruntermachung ist, und weiss, dass dies nicht mir allein so geht.

Für die Reklame, die wir durch unsere Inserate für die Anti-Alkohol-Ausstellung gemacht haben, werden mir deren Veranstalter dankbar sein und mich dafür vielleicht zum Ehrenmitgliede ihrer internationalen Organisation ernennen, nachdem sie bereits meinem Bilde einen Platz in ihrer Ausstellung in Aussicht gestellt haben.

Fritz Schoellhorn.

Winterthur, 18. August 1922. 374

Flugblatt zur ersten kantonal-zürcherischen Abstimmung über das Frauenstimmrecht von 1920. 80,4 Prozent der Stimmbürger lehnten die Vorlage ab.

Der Oberst bläst zum Gegenangriff

Am Sonntagmorgen, den 13. August 1922, herrschte in Winterthur ein sonderbares Erwachen. Die gesamte Marktgasse und auch die Hauptstrassen der kürzlich dazugestossenen Aussengemeinden waren grossflächig mit kleinen Klebern versehen, die eine simple Botschaft enthielten: «Alkohol ist Gift!» Im «Landboten» hiess es: «Ganz besondere Freude wurde dem Herrn Direktor der Brauerei Haldengut zuteil, indem seine Villa, der Weg ins Geschäft und die Einfriedung der Brauerei selbst mit den Zetteln dekoriert wurden.» Eine solche Attacke konnte der Brauereiherr nicht auf sich sitzen lassen, und so liess er ein gepfeffertes Inserat schalten.

Die Stadtpolizei konnte die Täterschaft schnell ermitteln. Es handelte sich um eine Gruppe junger Frauen und Männer des Winterthurer Guttemplerordens. Brisant war, dass sich darunter auch die Tochter des sozialdemokratischen Winterthurer Stadtrats Alfred Gottfried Messer (1874–1950) befand. Als Fritz Schoellhorn Wind davon erhielt, dass die Abstinenzverbände einige Tage später eine grosse Antialkoholausstellung mit Vorträgen im Kirchgemeindehaus an der Liebestrasse veranstalteten, wollte er zuerst einen grossen Demonstrationszug auffahren lassen und direkt daneben eine Alkoholausstellung errichten. Sein Schlachtplan sah vor, sämtliche Motorwagen der Brauerei vor dem Kirchgemeindehaus zu postieren und hupen zu lassen. Dort sollten die Gäste von weiss gekleideten «Ehrenjünglingen» einen Begrüssungstrunk erhalten. Wegen Sicherheitsbedenken vonseiten der Stadtpolizei blies Fritz Schoellhorn die Sache jedoch ab.

Er liess es sich aber nicht nehmen, eine Protestnote zu setzen, und so rief er seine Belegschaft und alle Bierfreunde dazu auf, an der Versammlung teilzunehmen und sich ein Bierchen zu genehmigen. Wer bis zum Schluss ausharrte, konnte seine leere Flasche dann gegen sechs neue «Haldengut Spezial» eintauschen. Tatsächlich parkierten zwei Bierführer ihre Lastwagen vor dem Gebäude und teilten an jenem Abend 12'000 Bierflaschen aus, hauptsächlich an die eigenen Kollegen, die sich rauchend und trinkend neben die «Wassertrinker» in den Kirchgemeindehaussaal gesetzt hatten. Dieser «Generalmarsch der Alkoholiker» wie eine Zeitung titelte, verlief friedlich.

Landauf, landab feierten über 30 Zeitungen den mutigen Winterthurer Brauer, der den «Abstinenzfanatikern» die Stirn geboten hatte. Fritz Schoellhorn strotzte nur so vor Rührung und Stolz über den Einsatz seiner Männer und überschüttete sie mit Zuwendungen: Er liess die Untersuchungen zu einem kürzlich vorgefallenen Bierdiebstahl einstellen, führte die Weihnachtszuschüsse wieder ein und veranstaltete zum ersten Mal seit 1907 wieder ein grosses Gartenfest auf dem Güetli in Veltheim für die gesamte Belegschaft samt Familien. Und so war es ausgerechnet die Antialkoholbewegung, die das Kunststück fertigbrachte, binnen einer Woche den tiefen Keil zwischen Brauereiarbeitenden, Angestellten und Geschäftsleitung zum Verschwinden zu bringen. Endlich kam die grosse Brauereifamilie auf dem Güetli wieder zusammen und liess die Humpen klirren.

Die Söhne rücken nach

In den 1920er-Jahren bereitete Fritz Schoellhorn die Einführung seiner beiden Söhne Georg und Kurt in die Geschäftsführung vor. Ein Patron, der schon von seinen Angestellten und Arbeitern ein hohes Mass an Gehorsam, Disziplin und Treue verlangte, musste sicherstellen, dass seine eigenen Söhne mit gutem Beispiel vorangingen. So legte Fritz Schoellhorn in seiner Erziehung eine ähnlich unerbittliche Erwartungshaltung an den Tag, wie er es selbst mit seinem Vater erlebt hatte, einzig mit dem Unterschied, dass er seine Kinder auch zu regelmässigen Spaziergängen mit ihm verdonnerte. In einer Denkschrift zum 50. Geburtstag von Hans Schoellhorn heisst es: «Im Vaterhaus an der Lindstrasse ward dem ‹Zeitalter des Kindes› damals noch kein Pförtchen aufgetan. Da waltete die gestrenge Autorität des Familienhauptes unumschränkt.»

Hans, der Kunstmaler

Tatsächlich traf es Hans besonders arg, denn dieser wollte sich nicht in das väterliche Geschäft einfügen, sondern lieber Künstler werden. Fritz Schoellhorn wollte aber nicht, dass sein eigener Sohn die brotlose Zunft der Künstler vermehrte. Schliesslich gab er aber nach und liess Hans Schoellhorn an der Kunstabteilung des Technikums studieren, wo er Kunstmalen als Handwerk lernen sollte. Zu den Lehrern seines Sohnes gehörte unter anderen Ferdinand Hodler (1853–1918). Schon in jungen Jahren fühlte sich Hans von herumziehenden Musikanten, Zirkusleuten und dem fahrenden Volk angezogen. «Mag sein, dass die Sehnsucht, von strengem Vaterhaus und verhassten Schulen wegzukommen [...]» dieses Gefühl der Verbundenheit schuf, und tatsächlich zog es ihn bald vom Elternhaus weg nach Genf und später nach München.

Seine beiden Brüder Georg und Kurt hingegen hatten sich in den Betrieb einzufügen, und Fritz Schoellhorn begann, sie in der Kunst der Geschäftsführung zu unterrichten. Am 22. Januar 1920 beauftragte er seine beiden Söhne damit, eine Reflexion über ihre Eindrücke aus dem Geschäftsalltag zu schreiben. So notierte der damals 29-jährige Georg Schoellhorn in seinem Aufsatz: «Produktive Arbeit fördert das Interesse des Arbeiters selbst. Arbeit, die nicht vom Fleck will, lähmt die Arbeitsfreudigkeit. Der Arbeitnehmer wird zur Schlampigkeit erzogen. Der persönliche Umgang mit den Untergebenen soll ein freundlicher sein. [...]» Einfach war die Position der beiden Söhne nicht, denn ihr Vater wollte über alles informiert sein. Auch wenn er sie zum selbständigen Handeln ermahnte und sich 1928 gar offiziell aus der Geschäftstätigkeit zurückzog, hatte er eben doch noch das Sagen.

Rechts: *In den 20er-Jahren konnte auch wieder gefeiert werden. Beim Güetli auf dem Wolfensberg stand in einem Waldstück vor dem ehemaligen Reitplatz sogar eine permanente Festhütte der Brauerei.*

Unten: *Die Einladungskarte mit Verpflegungsgutschein für das Familienfest des Jahres 1925 gestaltete Hans Schoellhorn*

Der Tod des Gärtners

Nur zwei Jahre nach dem Abfassen dieser Reflexionen über den Geschäftsalltag wurde Sohn Georg Schoellhorn mit der harten Realität des Arbeiterelends und den kaum zur Sprache kommenden Bürden eines Personalverantwortlichen konfrontiert. «Ein schwerer, tragischer Tag liegt hinter mir», schrieb er am 22. Mai 1922 an seinen Vater, der sich gerade einer seiner vielen Kuren unterzog. «Es tut mir leid, als erste Nachricht nach Karlsbad einen so traurigen Fall zu berichten. Seit gestern Vormittag ca. 10 Uhr lebt unser verdienter langjähriger Gärtner Frieden Friedrich nicht mehr. Im Alkoholdelirium hat er seinem Leben durch Erhängen gewaltsam ein Ende bereitet. [...] Der Eindruck von dem Geschehen drückt noch so schwer auf mir, dass ich meine ganze Willenskraft zusammennehmen muss, um nicht zusammenzuklappen. Wie gut war es, dass Du diesen Tag nicht hier erleben musstest, und doch hätte ich an Dir eine grosse Stütze gehabt.»

Georg Schoellhorn hatte den Gärtner an jenem Tag betrunken im Gärtnerhaus vorgefunden, und weil es nicht der erste Vorfall dieser Art gewesen war, hatte er ihm – wie schon oft zuvor – die Kündigung angedroht und ihm befohlen, nach Hause zu gehen. Weil sich Frieden zuerst weigerte, der Anordnung nachzukommen, entzog ihm Georg Schoellhorn den Schlüssel und sagte, dass er ihn in nächster Zeit nicht mehr in der Brauerei sehen wolle. Als er wenige Stunden später darüber informiert wurde, dass Frieden das Areal noch immer nicht verlassen hatte, wollte er ihn abermals zur Rede stellen und begab sich zum Gärtnerhaus, wo er ihn tot auffand. Die Alkoholsucht des Mannes war in der Firma kein Geheimnis gewesen. Auch wusste man von ihm, dass er in finanziellen Nöten steckte und er Probleme mit seinen Töchtern hatte. Georg Schoellhorn war überzeugt, dass seine Drohung sowie das Einziehen des Schlüssels das Fass zum Überlaufen gebracht hatte.

Der junge Geschäftsführer versank in Selbstvorwürfen und fragte seinen Vater, was dieser an seiner Stelle gemacht hätte. Georg Schoellhorn erhielt darauf von seinem Vater eine vernichtende Manöverkritik. Der Patron hielt fest: «Alkoholismus ist eine Krankheit, die man nicht mit Verboten heilen kann und auch nicht mit Entlassungs-Androhungen!» Weiter meinte er, dass man einem Mann, der seit über 20 Jahren in der Firma beschäftigt ist, nicht einfach so die Kündigung androhen dürfe, ohne über die Konsequenzen für ihn und die Familie nachzudenken. Stattdessen hätte Frieden dazu ermuntert werden sollen, sich in eine Trinkerheilstätte zu begeben. Fritz schloss mit den Worten: «Nun ist es geschehen und nichts mehr zu ändern, und ich hoffe nur, Du ziehst dir eine Lehre daraus, dass man Betrunkene erst nüchtern werden lässt, bevor man etwas veranlasst. Mit Gruss! Dein Vater.» Mit seinem offensichtlichen Unvermögen, sich in die Situation seines Sohnes hineinzuversetzen, bürdete er ihm die Hauptschuld an dem Vorfall auf. So engagiert und umsichtig sich Fritz Schoellhorn als Unternehmer verhielt, so hartherzig sah er selbst darüber hinweg, dass sein trauernder Sohn in jenem Moment nicht den Rat eines Unternehmers, sondern den Trost seines Vaters gebraucht hätte.

Der Tod war in der «Brauereifamilie» Haldengut allgegenwärtig. Er holte sich Arbeiter, Lehrjungen, Angestellte, die erst 24-jährige Privatsekretärin von Fritz Schoellhorn, den Gärtner Frieden und weitere Kameraden. Fritz Schoellhorn und seine Betriebsleiter mussten damit umgehen, dass Menschen, die sie seit

Jahren kannten, deren Kinder sie hatten aufwachsen sehen, plötzlich starben. Am schlimmsten traf es dabei den Betrieb, wenn es sich um einen vermeidbaren Unfall handelte, und davon gab es leider viele.

Viele Krankheits- und Unfalltage

Die negativen Konsequenzen des übermässigen Alkoholkonsums, aber auch die Gefährlichkeit der Arbeit zeigten sich im Alltag in Form von vielen Betriebs- und Verkehrsunfällen. Am 1. Oktober 1922 verzeichnete die Brauerei bereits ihren 17. Unfall, womit durchschnittlich jeder vierte Arbeiter oder Angestellte betroffen war. Gemeinsam brachten sie es auf 382 Unfalltage. Bei den meisten dieser Vorkommnisse handelte es sich um Bagatellfälle. Oft klemmten sich die Arbeiter die Finger ein oder zerquetschten sich die Füsse beim Hantieren mit den Bierfässern. Auch Stürze und Verletzungen durch Nägel, Eisensplitter und Holzspäne waren häufig. Die Brauerei Haldengut verfügte deshalb über eine eigene Klinik und beschäftigte einen Fabrikarzt. Die Arbeiter waren angehalten, bei Unfällen sofort den Arzt aufzusuchen und eine Wundreinigung vornehmen zu lassen. Immer wieder hielten sie sich aber nicht an dieses Gebot, und so entwickelte sich manchmal eine schwerwiegende Entzündung, die dann mit einem längeren Ausfall einherging.

Die vielen Krankheits- und Unfalltage trieben nicht nur die Versicherungsprämien in die Höhe, sondern verursachten bei den verbliebenen Kollegen auch erhebliche Mehrarbeit. Dabei blieben die Arbeiter nicht nur aus Unwissenheit oder Nachlässigkeit dem Arzt fern, sondern zum Teil auch mit Absicht: Dank Lohnfortzahlungen und Beiträgen aus der privaten Unfallversicherung kamen die verunfallten Arbeiter in die seltsame Position, dass sie während ihrer Rekonvaleszenzzeit einen höheren Tageslohn erhielten, als wenn sie arbeiteten. Deshalb bestand ein gewisser Anreiz, leichte Komplikationen bei Verletzungen in Kauf zu nehmen.

Oben: 1904 wurden die anspruchsvolle Firmenbezeichnung «Vereinigte Schweizer Brauereien» gelöscht und die Reklameplakate durch ein farbiges Plakat ersetzt, das einen Viererzug darstellt: die Reproduktion eines Ölgemäldes des Münchner Kunstmalers Max Feldbauer (1869–1948).

Als Vorlage diente die Fotografie auf den Seiten 6/7.

Unten: Über Jahrzehnte blieb der Viererzug ein Markenzeichen für Haldengut-Bier und inspirierte 1951 den Winterthurer Grafiker Werner Stöckli für das stilisierte Haldengut-Rössli. Später tauchte das Sujet als «Corporate Identity»-Element auch auf der Emailtafel von 1980 auf.

Rechts: Zu den Plakaten mit Pferdekopf, ebenfalls von Max Feldbauer, schrieb die Basler Plakatsammlung: «Während vieler Jahrzehnte gehörten die Bierwagen mit ihren zwei oder gar vier Pferden zum Strassenbild grosser Städte. Sie waren derart bekannt und beliebt, dass sie zum Teil noch lange beibehalten wurden, als längst das Lastauto das Pferdefuhrwerk abgelöst hatte.

Schon 1926 waren sie offenbar derart im Bewusstsein der Bevölkerung verwurzelt, dass es sich eine Bierfirma leisten konnte, nur gerade ihren Namen auf das Plakat mit dem Pferdekopf zu setzen, ohne Hinweis darauf, dass es um Werbung für Bier ging.»

Haldengut

Wenn aus dem Sympathieträger eine Todesfalle wird

Ein besonderes Ärgernis stellten die vielen Verkehrsunfälle mit den Pferdefuhrwerken und Motorwagen dar. Diese zogen nicht nur teure Gerichtsverhandlungen nach sich, sondern waren auch schlecht für den Ruf der Firma. Bei den Unfällen handelte es sich um eine Begleiterscheinung des Aufkommens des motorisierten Verkehrs. Bis mindestens in die 1930er-Jahre dienten Strassen nicht nur als reine Verkehrswege, sondern waren Teil des öffentlichen Lebens. Neben spielenden Kindern und Fussgängern waren in einem wilden Durcheinander auch Tiere, Fuhrwerke, Handkarren, Velos, Lastwagen, Automobile, Motorräder und das Tram auf Winterthurs Strassen unterwegs. Es herrschte Rechtsverkehr, und die Verkehrsteilnehmer waren gehalten, beim Überholen ein Signal zu geben. Das war es dann aber auch schon mit den Verkehrsregeln, und gerade die Velofahrenden waren es sich gewöhnt, in wilden Manövern durch den langsameren Verkehr zu zirkeln.

Mitten in diesem Getümmel verkehrten die schweren Brauereifuhrwerke. Die belgischen Pferde waren zwar kräftige und ruhige Tiere, die sich selten aus der Ruhe bringen liessen, doch auch sie waren nicht ungefährlich. So kam es in Winterthur leider mehrfach vor, dass unbeaufsichtigte Kinder unter die Fuhrwerke oder die Brauereipferde gerieten – manchmal mit tödlichen Folgen. Auch die Haldengutlastwagen kamen wegen betrunkener, rasender und allgemein schlecht geschulter Chauffeure des Öfteren mal vom Weg ab, und zwar trotz einer Geschwindigkeitsbegrenzung von 15 Stundenkilometern innerorts.

Immer, wenn es in Winterthur krachte, bildete sich sofort eine Menschentraube, und da die Lastwagen zwecks Werbung gross mit «Haldengut» beschriftet waren, gab es wiederholt öffentliche Kritik. Das war nicht die Art von Aufmerksamkeit, die sich der stets um den guten Ruf besorgte Fritz Schoellhorn wünschte. Am 9. März 1922 prangerte ein Leserbriefschreiber in der «Arbeiterzeitung» einen Haldengutchauffeur wegen zu schnellen Fahrens an. Der Patron stellte sich schützend vor seinen Untergebenen, der ihm seine Unschuld beteuert hatte. So forderte der Oberst den Leserbriefschreiber schroff dazu auf, die Sache sofort richtigzustellen. Dieser antwortete jedoch: «Wenn nun der Betreffende erklärt, er sei ruhig gefahren, dann sagt er eben nicht die Wahrheit, oder wir müssen annehmen, dass er wirklich Confetti hat in seinem Kopfe.» Als Beweis fügte er zwei Augenzeugenberichte an, womit der Fahrer der Lüge überführt war.

Fritz Schoellhorn war darüber so erbost, dass er alle seine Bierführer einbestellte und ihnen mit sofortiger Entlassung drohte, wenn sie sich nochmal beim Schnellfahren erwischen liessen. Weiter kündigte er an, fortan jeden Abend eine Inspektion vorzunehmen und zu prüfen, ob sie nüchtern seien. Bei Disziplinlosigkeiten konnte sich Fritz Schoellhorn regelrecht in die Sache hineinsteigern und war kaum mehr zu beruhigen und er mahnte: «Schnelles Fahren gefährdet und belästigt das Publikum, nützt die Wagen ganz bedeutend mehr ab, verbraucht mehr Benzin, ruiniert die Strassen, an deren gutem Zustand alle Wagenbesitzer und Fahrer ein Interesse haben, und die Zeit, die durch schnelles Fahren gewonnen wird, ist unbedeutend.» Der Appell fruchtete: 1925 bezahlte Fritz Schoellhorn seinen Fahrern eine Lohnzulage aus, weil ihm den ganzen Sommer durch keine Klagen zu Ohren gekommen waren.

Die Macht des guten Marketings

Die Sorge um den guten Ruf kam nicht von ungefähr. Fritz Schoellhorn hatte schon früh begriffen, dass Qualität allein nicht ausreichte, um ein erfolgreiches Geschäft zu führen. Entsprechend grosse Bedeutung mass er dem Reklamewesen zu, womit Haldengut in diesem Bereich bald führend wurde. Als er gegen Ende des 19. Jahrhunderts in das Brauergeschäft eingestiegen war, spielten öffentliche Werbemassnahmen noch eine geringe Rolle. Um 1900 war es entscheidend gewesen, ein Netzwerk an gut besuchten Wirtschaftslokalen unter Vertrag zu haben. Den Leuten war es mehrheitlich egal, welches Bier bei ihnen um die Ecke ausgeschenkt wurde. Die Brauereien buhlten lieber um die Ehre, grosse Schützen- und Turnfeste beliefern zu können. So unterstützte Haldengut beispielsweise grosszügig Musikvereine und Sängerchöre in der Erwartung, dass diese sich dann auch mit entsprechenden Auftritten in den eigenen Vertragswirtschaften revanchierten – was sie nicht immer konsequent taten.

Eine Pionierleistung in Sachen Marketing leistete die Brauerei bereits 1904, als Fritz Schoellhorn ein neues Sujet für die neu gegründete Brauerei Haldengut AG suchte. Die Firmen liessen in ihrem hart umkämpften Markt keine Gelegenheit aus, um auf sich aufmerksam zu machen, und deckten ihre Kundschaft mit Festtagskarten und Kalendern ein. Haldengut sah sich gezwungen, mitzuziehen. Die ganzen Aktionen gingen aber gehörig ins Geld, ohne dass sich die Verkaufszahlen dadurch zwingend verbesserten. Zielgruppe der Aktionen waren Wirtshausbetriebe und einflussreiche Persönlichkeiten und nicht die Konsumentinnen und Konsumenten.

Dem Patron war nicht entgangen, wie positiv die Öffentlichkeit auf seine Pferdefuhrwerke reagierte – sofern sie nicht gerade in einen Unfall verwickelt waren. Sie waren das Aushängeschild seiner Brauerei. Ebenfalls passten Pferde nicht nur zu ihm selbst als Kavalleristen, sondern auch zu seiner Familiendynastie, die im Wappen ein Einhorn führt.

Das Brauereipferd als Werbeikone

Fritz Schoellhorn beauftragte den Münchner Maler Max Feldbauer damit, das Haldengut-Vierergespann als Ölgemälde umzusetzen. Künstlerisch beschäftigte sich Feldbauer überwiegend mit der Wiedergabe von bayrischem Volks- und Soldatenleben, malte Akte von Bauernmädchen sowie Bilder von schweren Brauerei- und Soldatenpferden. Damit war er der perfekte Kandidat für Haldengut. Das Gemälde zeigt die Brauereipferde, die den schwer beladenen Haldengutwagen kraftvoll den Hügel hinaufziehen.

Fritz Schoellhorn liess das Ölgemälde reproduzieren und als Weihnachtskarte verschicken und sorgte damit für helle Begeisterung. Normalerweise war auf den Firmenkarten «ein dickbauchiger, mit aller Glätte gewöhnlicher Lithographie hergestellter Biergott oder bocksteife Kamine und erzlangweilige Fabrikgebäude» abgedruckt, wie die Zeitung «Echo vom Rheinfall» schrieb. Auch das «Neue Winterthurer Tagblatt» rühmte Haldengut, dass sie «mit der Verfeinerung des Reklamewesens überhaupt sich einen Verdienst erworben» habe. Im darauffolgenden Jahr liess Fritz Schoellhorn mit dem «Stammgast» nochmals ein Feldbauerbild verschicken, das aber kein so grosses Echo auslöste. Die Pferde schlugen die trinkenden Männer um Längen, dennoch tauchten beide Motive regelmässig in verschiedenen Variationen auf. Später entdeckte Haldengut auch die Schankmaid und sogar Kinder als Sujets.

Oben: Das Verwaltungsgebäude der Brauerei. 1928, als die AG 40 Jahre alt und schon ebenso viele Jahre von Fritz Schoellhorn geführt war, wurde das Wohngebäude des Haldenguts um ein neues Verwaltungsgebäude erweitert und die beiden Einheiten mit einem runden Türmchen als Treppenhaus verbunden. Im Volksmund wurde es Turmhaus genannt.

Fritz Schoellhorn übergab die Geschäftsführung im Verlaufe der 1920er-Jahre seinen Söhnen Georg und Kurt, blieb jedoch Präsident des Verwaltungsrats bis zu seinem Tod im Jahr 1933.

Rechts oben: Das Arbeitszimmer von Fritz Schoellhorn im alten Verwaltungsgebäude um 1905.

Rechts unten: Büro des Verwaltungsratspräsidenten Fritz Schoellhorn im neuen Verwaltungsgebäude um 1928, mit Wandschmuck seines Sohnes Hans, des Kunstmalers.

«Perplex» für Kinder, Frauen und Kranke

Besonders intensive Werbung erfuhr das alkoholfreie Bier Perplex, denn hier mussten die Konsumenten erst davon überzeugt werden, das Produkt überhaupt in Betracht zu ziehen, und so hiess es in der Werbung: «‹Perplex› ist ein im Geschmack angenehmes, sehr erfrischendes und sehr haltbares Getränk, das speziell Abstinenten, Frauen, Kindern, Kranken und Rekonvaleszenten zu empfehlen ist.» Indirekt drückte die Werbung aber auch aus, dass «richtige» Männer eben Bier trinken. Auf dem Getränkemarkt stellte «Perplex» eine Antwort auf die immer beliebter werdenden Limonaden dar, also alkoholfreie und kohlensäurehaltige Frischgetränke, wie die seit 1905 existierende «Bilz-Brause». Diese feierte ab 1907 unter ihrem neuen Namen Sinalco grosse Erfolge im schweizerischen Markt und wurde immer beliebter. Sinalco leitet sich dabei vom lateinischen «sine alcohole» ab und bedeutet «ohne Alkohol». Weil «Perplex» geschmacklich nicht an die Limonaden herankam, mussten andere Kaufargumente ins Feld geführt werden. Dabei berief sich die Brauerei darauf, dass Getränke aus Hopfen und Malz besonders nahrhaft und deshalb hochwertig seien.

Betriebsbesichtigungen und Festaktivitäten

Regelmässig lud die Brauerei Vereine und Gäste zu Betriebsbesichtigungen ein, darunter die Stadtregierung, das kantonale Polizeikorps oder auch die Freimaurerloge. Mittels einer 1906 eigens für die Besichtigung hergestellten Broschüre, für dessen Bebilderung Fritz Schoellhorn den bekannten Winterthurer Fotografen Hermann Linck engagierte, wollte der Oberst seine Gäste über die Kunst des Bierbrauens und seine Firma aufklären. Der sehr ausführliche Textteil stiess allerdings auf wenig Interesse, und so liess Schoellhorn 1913 nur noch die Bilder drucken. Weit besser gefiel den Leuten die kostenlose Bierdegustation. Dafür kamen sie nicht nur aus Winterthur, sondern reisten aus der Schweiz und dem Ausland an. Ihre Eindrücke hielten sie dann in bunt illustrierten Gästebüchern fest, die ein einzigartiges Zeugnis zelebrierter Bierkultur darstellen.

Fritz Schoellhorn wäre aber nicht Fritz Schoellhorn, wenn er nicht auch die Besichtigungen minutiös durchgeplant hätte. So ordnete er an, dass pro Besucher maximal ein Liter Bier ausgeschenkt werden durfte. Nun geschah es aber im Jahr 1906, dass bei einem Verein zwar 90 Personen angemeldet gewesen waren, aber nur 45 Leute kamen. Diese fühlten sich dann offenbar «verpflichtet», die bereitgestellten 104,5 Liter Bier zu trinken. So kam es, dass Fritz Schoellhorn eine ganze Horde betrunkener Gäste auf seinem Gelände antraf und am nächsten Tag verärgert schrieb: «So dürfen meine Anordnungen nicht missachtet werden, wenn ich bei guter Laune bleiben soll!» Säuerlich wies er zudem darauf hin, dass schon die Berechnung für die 90 Gäste um 14 Liter danebengelegen hatte. Wahrscheinlich wurde auch später eher zu viel als zu wenig ausgeschenkt. Denn geizig wollte man bei Haldengut ja auch nicht sein.

Geschäfte mit dem Sohn Hans

Über die Werbung fand nun auch Hans Schoellhorn einen Zugang zum väterlichen Betrieb. Ab den 1910er-Jahren erhielt der künstlerisch begabte Sohn die ersten Aufträge von seinem Vater. Hans Schoellhorn befand sich damals in München und illustrierte unter anderem für die «Jugend». Dabei entstanden ähnlich heimatliche und zum Teil derbe Motive, wie man sie schon von Feldbauer gekannt hatte und von denen Fritz Schoellhorn angetan war. So war der Vater endlich auch einmal stolz, als er vom Herausgeber der «Jugend» einen Brief erhielt, worin die Werke seines Sohnes gelobt wurden. 1914 beauftragte er seinen 22-jährigen Sohn mit der Herstellung zweier Plakate für die Festbiere Granat und Matador. Hans Schoellhorn machte sich ans Werk, zeigte die Entwürfe erst seinen Kunstprofessoren und schickte sie dann zufrieden an seinen Vater. Dieser war gar nicht begeistert. Fritz Schoellhorn bezeichnete den abgebildeten Kellner als «Schimpansen» und nörgelte an etlichen Details herum. Hans Schoellhorn verteidigte sich in einem persönlichen Brief und warf seinem Vater indirekt mangelndes Kunstverständnis vor. Trotz der harzigen Anfänge verdiente sich Hans Schoellhorn den Respekt seines Vaters, der ihn regelmässig als Sachverständigen für das Reklamewesen hinzuzog oder ihn selbst mit der Ausführung betraute. So fand Hans Schoellhorn doch noch den Einstieg in die Firma und nahm später auch Einsitz in den Verwaltungsrat.

Plakatwettbewerb mit der Künstlergruppe

Eine weitere Blüte der Beziehung zwischen Vater und Sohn war der von Haldengut ausgerufene öffentliche Plakatwettbewerb für die Gestaltung einer Albanibräu-Reklame im Jahr 1925. Hans Schoellhorn gehörte zu den Gründungsmitgliedern der Künstlergruppe Winterthur, die sich für die beruflichen Interessen der lokalen Kunstszene einsetzte. 16 Künstler reichten 27 Arbeiten ein. Für die Prämierung sponserte Haldengut insgesamt 3000 Franken. Weitere 1000 Franken gab die Firma zudem für den Ankauf von fünf Entwürfen aus, und zwar von den Künstlern Hans Affeltranger, Walther Bernhard Haggenmacher, Emil Bollmann, Joseph Paul Lüber und Hans Schoellhorn. Die Öffentlichkeit konnte ebenfalls am Wettbewerb teilhaben, denn alle Kunstwerke hingen im Casino zur Besichtigung auf. Zur Ausführung gelangte nicht das mit dem ersten Preis prämierte Bild, sondern der Publikumsliebling: das Bild eines Klosterbruders im Klosterkeller von Fritz Stahl.

Aufgrund der starken Konkurrenz schränkte der Schweizerische Bierbrauerverband die Einzelwerbung aber bald ein und setzte stattdessen unter dem Slogan «Trinkt Schweizer Bier» auf Kollektivwerbung. Aufgrund neuer Erkenntnisse in der Alkoholprävention geriet die offensive Alkoholwerbung immer stärker in Verruf und wurde auch immer stärker reglementiert.

Hans Schoellhorn durfte regelmässig grafische Entwürfe für die Brauerei machen. Aber lange nicht alle der teilweise progressiven Arbeiten fanden den Gefallen seines strengen Vaters.

Die farbige Sammelkarte der Internationalen Mono-Gesellschaft Winterthur war gleichzeitig eine Werbekarte der Brauerei für Perplex, ein Bier ohne Alkohol nach einem lizenzierten Verfahren. Ab 1908 wurden bis zu 10'000 Flaschen pro Monat verkauft, jedoch ging der Absatz während des Krieges derart zurück, dass die Produktion 1915 aufgegeben wurde.

Die Internationale Mono-Gesellschaft Winterthur gab unter anderem kleine Karten, genannt «Monos», in standardisiertem Format heraus.

Unvollendet

Unter Fritz Schoellhorn zählte die Brauerei Haldengut zu den schweizweit führenden Betrieben in Bezug auf die Arbeiterbeteiligung sowie den konsequent vorangetriebenen Ausbau der sanitären und wohltätigen Einrichtungen. Regelmässig publizierte Fritz Schoellhorn zum Thema des Arbeiterfriedens. Dabei zog er eine ernüchternde Bilanz: Nach Jahrzehnten der Auseinandersetzungen und Diskussionen kam es für ihn 1930 abermals zu einem unverzeihlichen Eklat, als die Gruppe der Hilfsarbeiter einen Kommunisten und «Scharfmacher», wie Fritz Schoellhorn fand, zum Delegierten der Arbeiterkommission wählte. Er liess verlauten: «Seit Jahren bemühe ich mich, und wir scheuen dafür keine Opfer, einen Arbeiterfrieden in unserer Brauerei herzustellen, aber leider mit negativem Erfolge.»

Er warf der Arbeiterschaft vor, «ihrerseits nichts dazu beigetragen zu haben, den Arbeiterfrieden in unserem Geschäft zu fördern». Es war ein Scheitern, das ihm die Freude an seinem Unternehmen vergällte. Hinzu kamen neben der sich verschlechternden Wirtschaftslage auch zunehmende gesundheitliche Beschwerden, die ihm auf das Gemüt schlugen. Als er ab 1931 vermehrt ans Krankenbett gefesselt war, setzte sich Fritz Schoellhorn literarisch mit seinem Leben und Erbe auseinander und schrieb an seiner Biographie, die jedoch unvollendet blieb und nur bis zu den Jugend- und Lehrjahren reicht. Kurz vor seinem Tod wandte er sich dann vermehrt dem Verseschreiben zu.

Obwohl Fritz Schoellhorn noch nicht fertig war mit seinem Unternehmen, seiner Geschichte und der Welt, verliessen ihn am 2. Februar 1933 im Alter von 69 Jahren die Kräfte. Das letzte Versbüchlein erschien, seinem testamentarischen Willen folgend, kurz nach seinem Tod mit dem Titel «War's Herbst noch, War es Winter schon?»

Der Tod des Patrons hinterliess eine grosse Lücke. Die Belegschaft und auch seine Weggefährten aus der Armee, dem Brauwesen sowie der Freimaurerei nahmen an der grossen Trauerfeier in der Stadtkirche teil. Sie würdigten Fritz Schoellhorn als einen innovativen, sozial denkenden und geradlinigen Patron, dem man seinen Hang zur peniblen Reinlichkeit und sein forderndes Auftreten aufgrund seiner aufrichtigen Absicht, das Beste für die Firma und Arbeiterschaft zu erreichen, verzieh.

Früh genug hatte er dafür gesorgt, dass seine beiden Söhne in die Geschäftsführung nachrückten. Dennoch war der Betrieb bis zu seinem Tod und darüber hinaus durch sein Wirken, seine Prinzipien und seine Visionen geprägt. Sein Geist lebte in den von ihm etablierten Traditionslinien fort, wie der offenen Firmenkultur, den regelmässigen Feierlichkeiten sowie den Betriebsführungen und der Werbung. Über die Jahrzehnte hinweg entwickelte sich dadurch jene Identifikation der Brauereimitarbeitenden und der Winterthurer Bevölkerung mit Haldengut, die sich Fritz Schoellhorn zeitlebens stets gewünscht hatte.

Das Schicksal der Privatsekretärin

Eine tragische Geschichte erlebten die Eheleute Schoellhorn mit ihrer Privatsekretärin Dora Muggli. Die junge Frau arbeitete ab 1925 für Fritz Schoellhorn und war gleichzeitig die Gesellschafterin von Lilly Schoellhorn-Sträuli. Sie begleitete die Fabrikantengattin auf allen Ausflügen, wohnte mit ihr in der Villa Lindeneck und ass am selben Tisch. Das Ehepaar Schoellhorn war angetan von der intelligenten 21-jährigen Frau, die Französisch und Englisch beherrschte sowie schnell schreibmaschinenschreiben konnte. Doch Dora Muggli fühlte sich im Familienhaus eingeschränkt und blieb gerne auch länger mal weg. Vertraglich wäre Fritz Schoellhorn befugt gewesen, sie ans Haus zu binden, doch er schrieb: «Wir verstehen auch, dass es nicht sehr kurzweilig ist, Abend für Abend mit uns zu verbringen.» Sie erhielt gewisse Freiheiten, durfte aber nicht über Nacht wegbleiben mit der Begründung: «Was wir von einer Tochter verlangen würden, verlangen wir auch von Ihnen.» Hauptaufgabe von Dora Muggli war die Zusammenstellung und Abfassung der «Bibliographie des Brauwesens». Dafür reiste sie einige Tage nach Paris, um die dortigen Bibliotheken zu konsultieren. In dieser Zeit verliebte sie sich in einen jungen Chemiker und Parfümeur, mit dem sie sich sogleich heimlich verlobte.

Davon erfuhren die Eheleute erst, als sie 1928 plötzlich nach Paris abreiste und ihnen einen Brief schrieb, in dem stand, dass ihr zukünftiger Bräutigam sich einer Operation unterziehen müsse. Weil noch nie von einem Bräutigam die Rede gewesen war, schöpfte Fritz Schoellhorn Verdacht und bat den in Paris ansässigen Maler Carl Montag, sich als Privatdetektiv zu versuchen. Es stellte sich heraus, dass der besagte Bräutigam bei bester Gesundheit war.

Als Dora Muggli aus Paris in die Ferienwohnung nach Klosters zurückkehrte, war sie in körperlich schlechter Verfassung. Fritz Schoellhorn stellte sie zur Rede und verlangte, dass sie ihre Beziehungsverhältnisse kläre, denn ihre Eltern lehnten die Beziehung ab. Dora Muggli gelobte Besserung und nahm ihre Arbeit wieder auf. Doch ihr Zustand verschlechterte sich, und Lilly Schoellhorn-Sträuli beobachtete sie dabei, wie sie im Badezimmer heisse Spülungen vornahm. Dora Muggli entwickelte hohes Fieber und musste ins Kantonsspital Davos überwiesen werden. Dort kam ans Licht, dass sie im dritten Monat schwanger war und an den Komplikationen eines gescheiterten Abtreibungsversuchs litt. Vom Spital aus sendete Dora Muggli noch zwei Briefe an Lilly Schoellhorn-Sträuli. Darin bedauerte sie ihr Verhalten und die Schande, die sie über sich gebracht hatte. Sie bat Schoellhorns inständig darum, ihre Ehre zu retten und den Eltern nichts von der Schwangerschaft zu berichten, und beendete ihren Brief mit: «Nehmen Sie sowie Herr Schoellhorn für Ihre grosse Güte und Liebe meinen tiefgefühlten herzlichen Dank. Ich bin Ihrer nicht würdig.» Kurz darauf erlag sie dem Fieber.

Fritz Schoellhorn dokumentierte seine Recherchen minutiös und versuchte die für den gescheiterten Abtreibungsversuch verantwortliche Person ausfindig zu machen. Er vermutete, dass eine Hebamme in Paris illegal die Abtreibung eingeleitet hatte. Ob er sie ermitteln konnte, ist nicht überliefert. Das Dossier endet mit der Beerdigung von Dora Muggli.

Kurz nach ihrem Tod erschien die «Bibliographie des Brauwesens» und damit das Vermächtnis der jungen Privatsekretärin. Die Geschichte von Dora Muggli steht stellvertretend für alle Büroangestellten im 19. Jahrhundert, die den gewaltigen publizistischen Output der Führungselite erst möglich gemacht haben. Sie steht aber auch für alle Beschäftigten der Brauerei Haldengut, welche die Firma mit ihrem Einsatz und ihrer Arbeitskraft vorangebracht haben und deren Einzelschicksale immer wieder zwischen den Aktenbergen des Firmenarchivs hervorschimmern.

Drei Generationen Schoellhorn: Fritz Schoellhorn mit seinem ältesten Sohn Georg und Enkel Jürg 1928 vor dem Châlet Madrisa in Klosters.

Georg Schoellhorn (1891–1973) übernahm das Präsidium des Verwaltungsrats nach dem Tod von Fritz Schoellhorn und führte die Brauerei als kaufmännischer Direktor.

Jürg Schoellhorn (1921–1998) trat 1950 in die Dienste der Brauerei ein und führte diese von 1965 bis 1986 als Delegierter des Verwaltungsrats.

Spuren und Vermächtnis

Claudia Sedioli, Nadia Pettannice

Dank der Brauerei Haldengut ist Winterthur im Verlauf des 20. Jahrhunderts manchen Widrigkeiten zum Trotz doch noch zur Bierstadt geworden. «Im Werden, Wachsen, Blühen, Reifen, Welken, Sterben erschöpft sich alles normale Leben», schrieb Fritz Schoellhorn am Schluss seiner Geschichte der Brauerei Haldengut bis 1918. 1993 endete die Geschichte der Brauerei Haldengut als Familienbetrieb. Sie ging in den Besitz des internationalen Bierkonzerns Heineken über. Dieser sah im Standort Winterthur keine Zukunft mehr: Die Produktionsanlagen entsprächen nicht mehr dem neusten Stand, und die Lage zwischen Kantonsspital, Wohnquartieren und einer Strasse mache einen Ausbau der Anlagen praktisch unmöglich. Der langfristige Investitionsbedarf in Winterthur würde sich auf 40 Millionen Franken belaufen, was angesichts des rückläufigen Biermarkts und der gegenwärtigen Konjunkturlage nicht vertretbar sei, wird die Firmenleitung in der «Neuen Zürcher Zeitung» Ende 2001 zitiert.

So endete im Jahr 2002 der Zyklus der bisher einzigen Winterthurer Grossbrauerei. Die letzten Haldengutflaschen verliessen die alte Abfüllerei. Danach wurde es still auf dem Braustandort. Die Brauerei Haldengut war Geschichte. Zwar protestierten die Gewerkschaft und die Haldengut-Betriebskommission mit einer Kundgebung auf dem Winterthurer Neumarkt gegen die Schliessung der Brauerei und forderten, dass in Winterthur eine Kleinbrauerei und ein Museum erhalten bleiben sollen. Heineken hatte dafür aber kein Musikgehör: «Eine Kleinbrauerei hätte nur Symbolcharakter und würde überholte Strukturen erhalten», erklärte der Heineken-Unternehmenssprecher im «Tages-Anzeiger». Heineken produziert Haldengut-Bier seither in Chur, wo sie rund 40 Millionen Franken in ein neues Sudhaus und weitere Neubauten investiert hat. In Winterthur hingegen zog neues Leben in das ehemalige Brauerei-Areal ein. Die einzelnen Bauten bekamen einen neuen Zweck.

Spuren von Fritz Schoellhorn und seinen Nachkommen sind aber in Winterthur weiterhin zu finden: Im Städtebau, in architektonischen Zeugnissen – und in den Brauerei-Neugründungen nach der Schliessung von Haldengut. Sie sorgten dafür, dass Betriebe, wie sie Haldengut einst verdrängt hatte, neu entstanden und mit Selbstbewusstsein am Markt auftraten. Sie trugen und tragen auch dazu bei, dass Winterthurs Ruf als Bierstadt weiterlebt.

Im Besitz des Kantons Zürich

Das Haldengut-Areal stand nach der Stilllegung der Produktion mehrheitlich leer. Südlich der Rychenbergstrasse nutzte Heineken einzelne Gebäudeteile weiterhin für Verwaltung und Logistik. Nachdem Heineken 2008 Eichhof übernommen hatte, wurden Geschäftsleitung und Marketing nach Luzern verlegt.

Seit 2009 gehört das 16'000 Quadratmeter grosse Areal mit historischen Bauten wie dem Torhaus, dem Türmlihaus und der Abfüllerei dem Kanton Zürich. Er hat es als strategische Landreserve für das Kantonsspital Winterthur gekauft und Heineken bis 2029 im Baurecht überlassen. Über den Kaufpreis wurde Stillschweigen vereinbart – was SP-Kantonsräte zu einer kritischen parlamentarischen Anfrage bewegte.

Ebenfalls befristet dürfte der Betrieb des Eventlokals Wiedehopf im obersten Stockwerk des ehemaligen Flaschengeschäfts sein. Den markanten Kubus hat der Winterthurer Architekt Peter Stutz 1967 erbaut. Erst später kam als oberstes Stockwerk die Kantine dazu. 2021 wurde darin die «Wiedehopf»-Bar als Pop-up-Projekt eröffnet und ging bald zum Dauerbetrieb über. Die dunkelbraunen Tische und Stühle aus den 1970er-Jahren, alte Wirtshausschilder sowie der Blick von der Terrasse auf einerseits die alten Brauereigebäude und andererseits den Helikopterlandeplatz des Kantonsspitals zeugen vom Wandel, in dem sich dieser Teil des Haldengut-Areals immer noch befindet.

Wohnungen in den Silogebäuden

Auf der Industriebrache nördlich der Rychenbergstrasse baute die Karl Steiner AG ein neues Quartier: In kurzer Zeit entstanden auf dem 36'000 Quadratmeter grossen ehemaligen Haldengut-Areal am Fuss des Lindbergs rund 200 Wohnungen und Lofts sowie 4000 Quadratmeter Büro- und Gewerbefläche. Einen Teil der Wohneinheiten passten die Architekten von Atelier WW in die markanten quaderförmigen Silobauten rund um den Hochkamin ein. Um die Wohnungen gut zu belichten, wurden die ehemals geschlossenen Fassaden mit grossen Öffnungen für Fenster und Loggien aufgebrochen.

Erhalten blieb die Fassade der «alten Brauerei». Es handelt sich dabei um das 1912 von Architekt Ernst Haggenmacher errichtete Brauereigebäude. Haldengut-intern hiess der über Jahrzehnte aus unterschiedlichen Gebäudeteilen herangewachsene Komplex nördlich der Rychenbergstrasse das «Obere Geschäft». Dagegen wurden die Gebäude auf der anderen Seite der Rychenbergstrasse als «Unteres Geschäft» bezeichnet. Hinter der Backsteinfront des «Oberen Geschäfts» sind nun Ateliers, Büro- und Gewerberäume und weitere Wohnungen zu finden.

Die Eigentums- und Mietwohnungen im gehobenen Preissegment waren begehrt und bald bewohnt. Doch die Arealüberbauung stiess auch auf Kritik: So fiel ihr viel der ursprünglichen Bausubstanz zum Opfer, zum Beispiel die flankierenden Bauten des Gärkellers und des Sudhauses. Auch die starke Verdichtung sowie die auffällige Farbgebung der Neubauten gaben zu reden. Solche Veränderungen passen allerdings in die Geschichte der Brauerei, die baulich nie zur Ruhe kam, sondern sich stets den wechselnden Bedürfnissen anpassen musste. Schon in den 1970er-Jahren hatten die wuchtigen Kuben des Gärkellers und des Sudhauses selbst Teile der alten Backsteinfassade ersetzt – der Wandel war ständiger Begleiter von Fritz Schoellhorns Wirken und der Brauerei Haldengut.

Im östlichen Teil des Areals, in der Schlaufe der Haldenstrasse, bilden neue Mehrfamilienhäuser ein Ensemble mit viel Grünraum. Bis 2007 standen hier – auf weit mehr Wiesenfläche – die Villa Haldenrain, die der kaufmännische Direktor bewohnt hatte, sowie der Bau Sonnental mit Personalwohnungen. Diese konnten nur mit einem erheblichen Mehraufwand abgerissen werden, da sich unter ihnen der 1940 gebaute Luftschutzkeller befand, vor dem die Abrissbirne kapitulierte. Er musste aufwendig gesprengt werden.

BRAUEREI HALDENGUT

Haldengut

Links oben: Die Brauerei Haldengut um 1912. Die Haldenstrasse führte noch entlang der Brauerei steil Richtung Römerholz.

Links unten: Ansicht von 1950 mit den um 1930 erbauten grossen Malz- und Kohlesilos. Rund um die Brauerei stehen die Direktoren- Häuser Haldengarten, Haldenrain, Haldenberg und Haldenwiese.

Rechts oben: Kantonsspital und Brauerei um 1969.

Rechts unten: Die Brauerei in der Blütezeit um 1977. Das Flaschengeschäft, der wuchtige Kubus links der Rychenbergstrasse, wurde um eine Kantine aufgestockt. Teile der Backsteinfassade mussten einem neuen Gärkeller und modernem Sudhaus weichen, die nach der Jahrtausendwende wiederum Wohngebäuden Platz machten.

Innerfamiliärer Streit um die Villa Haldenberg

Die neuen Blocks ergänzen nun die weiter hangwärts gelegene Villa Haldenberg, die noch zu Fritz Schoellhorns Lebzeiten erstellt wurde. Bauherr war 1922 sein Sohn Georg Schoellhorn. Vater Fritz überwachte den Bau jedoch genaustens und kritisierte Georg mehrfach wegen Kostenüberschreitungen – die Villa wurde schlussendlich einen Viertel teurer als budgetiert. Im Briefverkehr warf der Vater dem Sohn vor, er habe «wieder neu bewiesen, dass Du es sehr gut verstehst, das Geld auszugeben». Fritz Schoellhorn willigte schliesslich ein, dass die Mehrkosten zu gleichen Teilen von ihm selbst, von Sohn Georg und von Haldengut getragen wurden. Er redete dem Sohn aber ins Gewissen: «Nun wirst du einmal zeigen müssen, wie man es verdient, denn davon habe ich noch wenig bei dir verspürt.»

Ebenfalls noch erhalten ist die aus rotem Sichtbackstein erbaute Villa Lindeneck, in der Fritz Schoellhorn wohnte. Gelegen im Spickel zwischen Bahnlinie, Lindstrasse und Haldenstrasse wurde sie 1895/96 von den Architekten Jung & Bridler im Stil der anglisierenden Neogotik erbaut. Noch heute ist der markante Eckturm hinter den alten Bäumen gut zu erkennen. 2005 verkauften Fritz Schoellhorns Nachkommen das Gebäude an die Architekten Knut und Christoph Lüscher. Acht Jahre und einen umfassenden Umbau später eröffnete darin Winterthurs erstes Geburtshaus.

Schräg gegenüber der Villa Lindeneck stand bis 2007 unter anderem die Villa Schoellhorn von Fritz Schoellhorns Vater Johann Georg. Nach ihrem Abriss entstand dort die Überbauung Triside des Architekten James Klohk: 21 Eigentumswohnungen, dazu Gewerbeliegenschaften, verdichtet gebaut. Der Bewohnerverein Inneres Lind kritisierte, dass mit der Neubebauung Winterthurs Charakter als Gartenstadt verschwinde.

Chalets für Arbeiterfamilien

Während einige Villen aus der Zeit von Fritz Schoellhorn aus dem Stadtbild verschwunden sind, zeugen die ehemaligen Arbeiterchalets am Wolfensberg noch von der Bedeutung, die Haldengut für die Stadt hatte: 1912 wurden die ersten fünf, zehn Jahre später weitere Holzbauten mit den für Arbeiterhäuser typischen Nutzgärten erstellt. Sie sind heute denkmalgeschützt und noch bewohnt. Pläne aus den 1930er-Jahren, auch an der Tachlisbrunnenstrasse Arbeiterwohnungen zu errichten, wurden hingegen nie umgesetzt. Auf den Planungsdokumenten sind mehrere Gebäudeblocks inklusive einer Heizerwohnung eingezeichnet – anscheinend war eine zentrale Kohleheizung für die ganze Überbauung geplant.

Eine weitere Spur hat Fritz Schoellhorn im «Vögelipark» genannten Lindengutpark an der General-Guisan-Strasse hinterlassen: einen filigranen Gartenpavillon. Ursprünglich war er für die Landesausstellung von 1883 in Zürich erstellt worden. Johann Georg Schöllhorn, Fritz' Vater, erwarb ihn und platzierte ihn im Garten seiner Villa an der Lindstrasse. Noch vor dem Verkauf des Areals, auf dem sich die Villa Schoellhorn befand, wurde er renoviert und an seinen heutigen Standort versetzt. Die Rettung des Pavillons ist dem ehemaligen Stadtpräsidenten Urs Widmer zu verdanken, einem Enkel von Fritz Schoellhorn.

Mit dem Ende der Brauerei Haldengut verlor Winterthur nicht nur einen grossen Arbeitgeber, sondern auch ein Stück Identität. Bald schon war aber klar, dass die Eulachstadt eine Bierstadt bleibt. Eine neue Generation von Brauunternehmern versuchte ihr Glück und füllte die entstandene Lücke. Nach Jahren des «Schweizer Biers» mit Einheitsgeschmack kamen die Craft-Biere auf.

Stadtguet: «Bier braucht Heimat»

Für Beat Spälti, Verwaltungsratspräsident der Brauerei Stadtguet, ermöglichte das Lichterlöschen im Brauhaus an der Haldenstrasse neue Chancen: Enttäuscht über das Aus von Haldengut gründete er im Jahr 2002 zusammen mit 120 Bierliebhabern den Interessenverein Brauerei Stadtguet – in Anspielung auf «Haldengut». Ziel war, in der Stadt wieder ein eigenes Bier zu brauen, «etwas Lokales, denn Bier braucht Heimat», so Spälti.

Zwei Jahre später wurde aus dem Verein die Brauerei Stadtguet AG mit gut 200 Aktionärinnen und Aktionären. Die Erstaktionäre seien Idealisten gewesen, so Spälti, auch viele alte Haldenguetler. «Beginner» hiess das erste Stadtguet-Bier. 40'000 Flaschen oder rund 140 Hektoliter kamen auf den Winterthurer Markt. Produziert wurde das Naturtrübe zunächst in Einsiedeln, später in Villmergen – denn für die Produktion und den Vertrieb fehlte es bei Stadtguet in Winterthur noch an der nötigen Infrastruktur. «Das Bier wurde zuerst an der Kreuzung Steinberggasse/Metzggasse unter freiem Himmel verkauft», schildert Spälti die Anfänge.

Spältis Traum war immer gewesen, ein wirklich in Winterthur gebrautes Bier auf den Markt zu bringen. Im Frühling 2005 und zwei Aktienkapitalerhöhungen später konnte eine Brauerei eingerichtet werden mit einem sogenannten 5/10-Hektoliter-Sudhaus. Darin können pro Sud 5 Hektoliter Bier gebraut und im Tag zwei Sude gemacht werden. Dazu kamen fünf 10-Hektoliter- und zwei 20-Hektoliter-Tanks sowie ein Handflaschenfüller.

Das neue Winterthurer Bier Stadtguet hatte nun auch eine Adresse: Industriestrasse 35, das ehemalige Unterwerk der städtischen Werke in der Grüze. Wo früher Transformatoren gebrummt hatten, braute Stadtguet nun mit Winterthurer Wasser, importiertem Malz und Schweizer Hopfen sein Stadtbier. Neben dem Detailhandel und dem Rampenverkauf in der Grüze trugen auch immer mehr Restaurants und Geschäfte zum Absatz bei. «Das Bier war gut – meistens jedenfalls», erinnert sich Spälti. «Aber die Verunreinigung mit Milchsäurebakterien machte uns anfangs zu schaffen. Dann wird das Bier metallisch, das ist Gullybier.» Damit teilt Spälti das gleiche Schicksal wie Fritz Schoellhorn in seiner Anfangszeit in Winterthur. Das Ringen um eine gleichbleibende Bierqualität bleibt eine der grossen Herausforderungen bei den kleineren Betrieben. Abhilfe schafften die Einhaltung höchster Hygienestandards und ein neuer Qualitätssicherungsprozess – hinzu kam der Ehrgeiz von Spälti. Er, der quasi im Alleingang und in seiner Freizeit braute, tüftelte so lange an seinen Abläufen herum, bis alles stimmte und «Gullybier» fortan der Vergangenheit angehörte.

BRAUEREI

Blick vom Flaschengeschäft über die Rychenbergstrasse auf das ehemalige «Obere Geschäft». Vom ersten Brauereigebäude von 1842 ist nur noch der dunkelgelbe Giebel sichtbar. Die Silos sind umgebaut zu Eigentumswohnungen, und auch östlich und westlich entstanden hunderte neuer Wohnungen an Stelle ehemaliger Brauerei- und Mälzerei-Gebäude oder bisheriger Freiflächen. Bild von 2007.

Von der Russischen Grippe zu Corona

Ein hochansteckendes Virus prägte vor gut 100 Jahren die Anfänge von Haldengut: Fritz' Vater Johann Georg Schöllhorn starb zur Zeit einer Grippepandemie Ende des 19. Jahrhunderts, und sein erst fünfundzwanzigjähriger Sohn Fritz musste das Geschäft übernehmen.

Dass Corona nicht nur eine Biermarke ist, sondern auch ein Virus, musste die Welt Ende 2019 erfahren. Der vom Bund unter dem Eindruck der Corona-Pandemie beschlossene Lockdown ab März 2020 traf auch die Bierbranche empfindlich. Alle Restaurants und Bars mussten von einem Tag auf den anderen schliessen. Das gesellschaftliche Leben stand mehrheitlich still, und so gab es nur noch wenig Anlass, Bier zu konsumieren. Wie alle Brauereien in der Schweiz litt auch Stadtguet unter der Krise: Der Absatz brach massiv ein, und das Überleben der Brauerei konnte nur dank staatlicher Unterstützung gesichert werden. «Aber», so Spälti, «es gibt Stadtguet immer noch, und ich werde etwas mit Brauen zu tun haben, bis ich ins hölzerne Pyjama hineinklettere!»

Euelbräu: Haldengut als Lehrmeister

Die Chancen, die sich nach dem Niedergang der Brauerei Haldengut aufgetan hatten, nutzen auch andere: Seit 2006 braut Daniel Reichlin in Winterthur sein Euelbräu. Einst lernte er bei Haldengut Brauer, studierte danach Lebensmitteltechnologie und leitete eine Getränkefabrik. «Und dann wettete ich mit meiner Frau um ein gediegenes Nachtessen, dass ich wieder mit Brauen anfangen würde», erzählt Reichlin. Er richtete hinter dem Bahnhof Wülflingen seine Brauerei ein und zog seine Wettprämie ein, ein Diner in einem Sterne-Restaurant.

«Helles» und «Amber» waren die ersten Euelbräu-Biere, später kamen Spezialitäten dazu. Gebraut wird in Wülflingen nur untergäriges Bier. Heute ist nur noch rund ein Drittel der jährlich eine Million Liter, die die Euelbräu produziert, alkoholhaltiges Bier. «Ein gutes Bier wird als Genussmittel beliebt bleiben, auch eines mit hohem Alkoholgehalt, aber ich bin sicher, dass man vom Alkohol wegkommen wird», begründet Reichlin. Alkoholfreie Biere und Panachés sowie verschiedene Schorles, Süssgetränke auf Fruchtsaftbasis, bilden heute das Hauptstandbein. Damit gelang Euelbräu ein Kunststück, mit dem Fritz Schoellhorn mit seinem alkoholfreien Bier Perplex und dem Süssgetränk Bivo noch gescheitert ist.

Seit 2022 setzt Euelbräu zudem konsequent auf Nachhaltigkeit, Bio und soziales Engagement. Eine Photovoltaikanlage auf dem Dach liefert den Strom, und der Dampf, der für die Pasteurisierung aller Getränke benötigt wird, soll künftig durch Holzpellets statt Elektrizität erzeugt werden. Seit 15 Jahren arbeitet Euelbräu mit der Brühlgut-Stiftung zusammen und bietet Arbeitsplätze für Menschen mit einer Beeinträchtigung an.

Chopfab Boxer AG: Wachstum ab Tag 1

Die dritte namhafte Brauerei in Winterthur hat den Markteintritt strategisch geplant: «In einer ersten Phase nach dem Ende des Bierkartells kamen lokale und regionale Craft-Brauereien auf – aber Spezialitätenbiere, wie sie im Ausland beliebt waren, stellten sie nicht her», so Philip Bucher, Co-Gründer von Chopfab Boxer AG. «Wir realisierten, dass der Trend vom klassischen Lagerbier zu Spezialitäten – der Begriff ‹Craft Beer› war bereits in aller Munde – bald die Schweiz erreichen würde. Für mich ist Bier ein hochspannendes Produkt: im

Herstellungsprozess herausfordernd, aber noch viel mehr hat mich Bier als emotionales Produkt bewegt.» Als Quereinsteiger gründete der Ingenieur zusammen mit Jörg Schönberg in der Grüze die Doppelleu Brauwerkstatt AG und trat somit in direkte Nachbarschaft zu Stadtguet. Das Jungunternehmen hatte vom ersten Tag an Wachstumsambitionen: Die Gründer starteten 2012 mit einer Kapazität von 5000 Hektolitern pro Jahr und hatten bis im Jahr 2016 die Kapazität auf jährlich 100'000 Hektoliter verzwanzigfacht. «Chopfab» wurde eines der Doppelleu-Biere getauft. Es hatte ab Markteinführung Erfolg. Und dann wurde es in Dosen abgefüllt – ausgerechnet, haftete Bierdosen doch das Billigbierimage an.

Die Bierdose wird stylisch

Die mattschwarzen «Chopfab»-Dosen waren nicht nur stylisch, sondern bald omnipräsent: Im Grossverteiler, an Events, in Privathaushalten. Bald rätselte man in Winterthur und ausserhalb über den Namen: Handelt es sich dabei um eine Anspielung auf den Hopfen im Bier? Oder auf Winterthurs Stadtheiligen St. Alban, der als Märtyrer geköpft wurde – so meinte man in Winterthur. Nein! Wenn schon Heilige, dann sicher Felix und Regula – hiess es darauf aus Zürich. Bucher hält sich bedeckt, bringt aber selbst die schweizerdeutsche Redensart, ein Bier zu «chöpfen», ins Spiel und erklärt: «Der Name ist eindeutig Schweizerdeutsch, er ist regional ungebunden – selbst Basler trinken gerne Chopfab – und vor allem ist der Name einprägsam.»

Wie bereits Haldengut um 1886 griff auch Doppelleu in die Westschweiz aus und kaufte 2017 die Brauerei Bière du Boxer SA in Yverdon, nannte sich ab 2023 Chopfab Boxer AG und war eine Brauerei mit nationalen Ambitionen. Dass der Produktname auch auf Französisch funktioniert, ist dem Zufall zuzuschreiben: in «une chope fabuleux», ein fabelhaftes Bier, klingt das schweizerdeutsche «Chopfab» an.

Die Covid-Pandemie traf Chopfab Boxer gleich mehrfach: Mitten im Wachstum brach der Umsatz massiv ein. «Da hatten wir wirklich Pech», so Bucher. «Der letzte Ausbauschritt startete im Herbst 2019, dann kam der Lockdown. Da waren gewisse Bauteile nicht lieferbar, und Arbeiten konnten nicht beendet werden. Die Fertigstellung wurde um zwei Jahre verzögert.» Aber auch nach der Pandemie sei der Vor-Corona-Umsatz nie mehr erreicht worden, erklärt Bucher. «Da ist uns die Wachstumsdynamik genommen worden, und der Markt war ein anderer.» Dazu kamen mit der Ukraine-Krise steigende Energie- und Rohstoffpreise und die leicht rückläufige Nachfrage nach Bier in der Schweiz.

Im Jahr 2023 musste Chopfab Boxer einen Fünftel der Belegschaft entlassen. Anfang 2024 geriet die Brauerei finanziell ins Trudeln. Die Aktionäre, Banken und Lieferanten liessen sich überzeugen, auf einen Teil ihrer Forderungen zu verzichten. Nach diesem Schuldenschnitt war der Weg für eine Beteiligung durch einen Retter frei: Im März 2024 übernahm die Appenzeller Brauerei Locher die Aktienmehrheit bei Chopfab Boxer. Über die finanziellen Details wurde Stillschweigen vereinbart. Die Brauerei Locher wird gemäss Patron Karl Locher weiterhin in Winterthur brauen. «Was mit Haldengut geschehen ist, soll uns nicht passieren», sagt Bucher. Auch die Marke Chopfab werde weiterbestehen.

Haldengut
10 Hauptbahnhof
10 Hauptbahnhof

Links oben aussen: Die Brauerei Haldengut ist nicht mehr nur mit Gebäuden, sondern auch mit einer Bushaltestelle im Quartier präsent.

Links oben innen: Ins Turmhaus des ehemaligen Verwaltungsgebäudes ist heute ein Gemeinschaftsprojekt von Kantonsspital und Krebsliga eingezogen.

Links unten: Auf dem Wolfensberg zeugen die ehemaligen Arbeiterchalets noch von der Blütezeit der Brauerei.

Rechts oben: In der ehemaligen Kantine mit Dachterrasse auf dem einstigen Flaschengeschäft bewirtet das erfolgreiche Pop-up «zum Wiedehopf» seine Gäste.

Mit dem Zusammenschluss produzieren Locher und Chopfab Boxer laut Bucher rund jedes achte inländische Bier, das in der Schweiz getrunken wird. Damit schliessen sie zum Branchenriesen Heineken auf, der einst Haldengut übernommen hatte.

Auch wenn die Sudhäuser auf dem Haldengutareal schon lange nicht mehr in Betrieb sind, ist Winterthur heute Bierstadt: mit dem Vermächtnis einer vielfältigen Brauszene, die vom Niedergang des lokalen Marktführers profitieren konnte, und mit den Spuren, die Fritz Schoellhorn in der Stadt hinterlassen hat. Auch wenn die architektonischen Spuren einst ganz verschwunden sein werden, ist das Erbe des Unternehmers, Brauers und Patrons lebendig: In Form der historischen Fotografien, Dokumente, Aufzeichnungen und Publikationen, die bereits im Stadtarchiv Winterthur liegen. Aber auch in Form der letzten Haldengut-Memorabilia, die immer noch im Keller der Brauerei lagern: Humpen, Wirtshausschilder, Reklamematerialien und wohl noch manch Überraschendes werden spätestens beim definitiven Auszug der Heineken vom Haldengutareal gesichtet werden und sind weitere Zeugen des unternehmerischen und gesellschaftlichen Wirkens von Fritz Schoellhorn.

Das Firmenarchiv der Brauerei Haldengut – ein wertvolles Kulturgut

Im Gegensatz zu staatlichen Institutionen sind Firmen und Verbände hierzulande nicht verpflichtet, ihre historisch relevanten Akten aufzubewahren und zugänglich zu machen. Die Unternehmen entscheiden zudem selbst, ob sie eine Fachperson für die Archivierung hinzuziehen oder nicht. Sie können mehrheitlich frei über ihre Bestände verfügen, den Zugang einschränken, verweigern oder ihr Archivgut vernichten. Aus Angst vor negativer Berichterstattung passiert Letzteres immer häufiger. Für die Geschichtsschreibung ist dies verheerend: ohne Quellen – keine Geschichte. Hinzu kommt, dass die Ressourcen begrenzt sind. Der Aufbau, die Pflege und Lagerung von Archivalien sind kostenintensiv. Wenn eine Firma aufgelöst wird, fehlt es meist an Anschlusslösungen. Staats- und Gemeindearchive können sich nur am Rande mit Unternehmensarchiven beschäftigen, und auch hier sind die finanziellen, logistischen und personellen Kapazitäten begrenzt.

Archivpolitisch setzt sich eine Arbeitsgruppe des Verbands Schweizerischer Archivarinnen und Archivare (VSA) für den Erhalt von Unternehmensarchiven ein. Sie arbeitet dafür eng mit den Wirtschaftsverbänden und Unternehmen zusammen. Zentrale Anlaufstellen auf nationaler Ebene sind das Schweizerische Wirtschaftsarchiv und das Archiv für Zeitgeschichte. In Winterthur ist es das Stadtarchiv.

Der historische Wert von Unternehmensarchiven ist unbestritten. Sie dokumentieren einen integralen Bestandteil der Schweizer Geschichte und sind daher als schützenswertes Kulturgut zu betrachten. Besonders für eine Industriestadt wie Winterthur sind solche Archive zentral, wie das Beispiel Haldengut zeigt. Die Firmenakten gewähren nicht nur einzigartige Einblicke in den Betriebsablauf einer Brauerei, sondern sagen auch viel über das Zusammenleben und die geschäftlichen Netzwerke in der Stadt Winterthur im frühen 20. Jahrhundert aus. Das Haldengutarchiv bietet nicht nur neue Perspektiven auf die Stadt, sondern auch eine Tiefe, Komplexität und Vielfältigkeit, die dem Verwaltungsschriftgut oder der Presse allein nicht entnommen werden kann.

Fritz Schoellhorn erkannte den Wert einer guten Überlieferungsbildung. Er sammelte alles damals verfügbare Wissen in seiner «Bibliographie des Brauwesens», schrieb die Firmengeschichte seiner Brauerei und des Schweizer Brauwesens. Er trug auch Sorge zu seinem Firmenarchiv. Die Zeit von der Gründung der Haldengut AG bis zu seinem Tod im Jahr 1933 ist auffallend reichhaltig dokumentiert. Kurz vor seinem Tod wies er an, alle Akten in seinem Geschäftsbüro aufzubewahren. Schon zu Lebzeiten richtete er ein kleines Museum ein, in dem Mitarbeitende sich über die Geschichte der Brauerei informieren konnten.

Nach dem Verkauf der Brauerei Haldengut an Heineken und der 2002 erfolgten Betriebseinstellung drohte das Archiv zu verschwinden. Fritz Schoellhorns Urenkel, Andreas Schoellhorn, ergriff die Initiative und vereinbarte mit Heineken die Übergabe des Schriftguts an das Stadtarchiv Winterthur sowie eine finanzielle Beteiligung an der Erschliessung. Bei der Zusammenarbeit zwischen Gründerfamilie, Nachfolgerfirma und dem Stadtarchiv handelt es sich um ein gelungenes Beispiel im Dienst der Winterthurer Kulturguterhaltung. Die Übergabe an die öffentliche Hand entspricht wohl ganz dem Sinn von Fritz Schoellhorn.
Er stand stets für Transparenz. Er informierte stets über seine unternehmerischen Vorhaben, gab die Geschäftszahlen preis, räumte Fehler ein, machte Herausforderungen deutlich und versuchte seine eigenen Nöte und Probleme verständlich zu machen. Geschichte lag ihm am Herzen. Genau so wollte Fritz Schoellhorn auch erinnert werden: als handelnder, irrender, fühlender Verantwortungsträger in einer bewegten Zeit.

Wandmalereien im legendären «Albanistübli», dem ehemaligen Aufenthaltsraum im alten Brauereigebäude von 1842.

Die launigen Wandmalereien stammen mehrheitlich von Hans Schoellhorn. Dieser Teil der alten Brauerei ist zwar heute geschützt, leider aber kaum zugänglich.

Nachwort

Andreas Schoellhorn

Fritz Schoellhorn schrieb 1919 im Vorwort zu seinem vierbändigen Werk zur Brauerei Haldengut 1843–1918: «Die Zahl der Geschäftsbetriebe, welche 50, 75, 100 oder mehr Jahre bestehen, ist in keinem Geschäftszweige gross. Ich will einen Rückblick tun, gerade jetzt, wo die Zukunft dunkler als je vor uns liegt.»

Als sein Urenkel freue ich mich deshalb über diesen erneuten Rückblick gut 100 Jahre später. Er begann mit der Idee, eine historische Bildstrecke des Winterthurer Fotografen Hermann Linck zu publizieren. Die Aufnahmen wurden in den Jahren vor dem Ersten Weltkrieg aufgenommen, überdauerten all die Jahrzehnte im Haldengutarchiv und gingen dort auch nicht vergessen.

Die Bildserie illustrierte die vielen Produktionsfaktoren vom Wasser und der Mälzerei über das Sudhaus und die Keller bis ins Fass oder in die Flasche. Interessant sind auch die Bilder über das, was sonst noch wichtig schien für ein erfolgreiches Unternehmen, wie Transportwesen, Wissenschaft oder soziale Wohlfahrt. Diese Bilder schienen mir aber interessanter im Kontext, in dem sie entstanden. Daraus entwickelte sich eine neue Idee: ein reich illustriertes «Neujahrsblatt» zu einer Periode der Industrialisierung Winterthurs am Beispiel der Brauerei Haldengut, deren damalige Geschichte dank Fritz Schoellhorn (1863–1933) mit Archivalien, seinen Büchern und Illustrationen umfassend dokumentiert ist.

Es sollte weder eine Schoellhorn-Biographie noch eine Brauerei-Haldengut-Chronologie werden, sondern einfach ein interessantes Buch über einen Zeitabschnitt in der Geschichte der Stadt. Konkretisiert durch das Wirken eines Unternehmers und seiner Firma, welche diese Periode in Winterthur mitgeprägt haben und von dieser mitgeprägt wurden.

Die Illustrationen sollen beim Durchblättern das Interesse wecken, um in den Texten mehr zu erfahren. Und wen es packt, der findet in der Stadtbibliothek alle erwähnten Publikationen, im Stadtarchiv das gesamte damalige Firmenarchiv und in der Fotostiftung Schweiz das fotografische Haldengut-Erbe. Dieses Neujahrsblatt soll dabei helfen, dass diese reichen Quellen weiterhin nicht vergessen gehen.

Mit fortschreitendem Alter interessiert man sich zunehmend für die Vergangenheit. Obwohl man da nur konsumieren und nicht gestalten kann. Wichtig für die Zukunft scheint mir Geschichte trotzdem. Sie hilft mit der Erkenntnis, dass auch die «guten alten Zeiten» einmal neue, schwierige waren. Und die Vergangenheit die Gegenwart prägt und so auch die Zukunft.

Dies trifft auch auf die persönliche Geschichte zu. Mit wem sich mein Urgrossvater auf dem Eisfeld traf und sein Wirken im Haldengut, hatten Einfluss auf mein Leben auf mein Umfeld. Der «alte Fritz» war ja nur einer von acht Urgrosseltern. Aber sein dokumentarischer Fleiss ermöglicht mir einen Einblick in mein «Vorleben». Mittlerweile glaube ich meinen Urgrossvater fast etwas zu kennen. Von den anderen sieben Beteiligten jener Generation weiss ich nicht einmal alle Namen. Sicher haben der Familienname und das gleiche Quartier mit der Brauerei, in dem wir lebten, zur Fokussierung auf diesen einen Urgrossvater geführt.

Früher interessierte mich das Haldengut kaum. Es gehörte einfach zum Umfeld. Dahin ging mein Vater zur Arbeit und ich entlang der Kohle-Pflichtlager an der Tachlisbrunnenstrasse zur Schule. Der Hochkamin stiess noch schwarze Russwolken aus, und jede Woche kam der Einspänner mit dem «Haldengut-Rössli». Unser Eiskasten im Keller bekam eine neue Stange Eis, die auch das Bivo kühlte. Mein erstes richtiges Bier war kein Haldengut, und es schmeckte mir nicht, einfach weil es Bier war. Das hat sich allerdings später geändert.

Mein Vater Jürg musste nach dem Zweiten Weltkrieg ins Familienunternehmen einsteigen. Bis ihm die «alten Herren» (sein Vater Georg und Onkel Kurt) die Führung der Brauerei übergaben, widmete er sich auch seiner militärischen Karriere. Im Haldengut wie in der Armee motivierte ihn Pflichtbewusstsein mehr als Ehrgeiz. Ein anderer Beruf hätte ihn wohl stärker interessiert. Das zeigt auch ein kurzer Blick auf die Bibliothek meines Vaters.

Trotzdem erlebte die Brauerei Haldengut dann ihre Blütezeit, baulich, technisch und auf dem Markt. Aufgrund seiner persönlichen Erfahrungen setzte sich mein Vater zum Ziel, mit 65 Jahren die Nachfolge geregelt zu haben. Die Brauerei sollte dann unabhängig sein von der Familie. Auch um sicherzustellen, dass seine Kinder ihr Leben freier gestalten können. Das alles gelang ihm. Nur verunglückte sein Nachfolger schon nach einem Jahr tödlich.

Wie mein Vater verbrachte ich nach der Matura etwelche Zeit im Militär und studierte anschliessend Betriebswirtschaft. Die Natur und die aufkommende Informatik interessierten mich weiterhin stärker als die Brauerei. Doch als das Schweizer Brauwesen um 1990 in heftige Turbulenzen geriet, änderte sich dies. Ich hoffte, im Haldengut mehr bewirken zu können als in einer amerikanischen Corporation. Denn nach dem Tod des Nachfolgers folgte eine Führungskrise, in der Haldengut – unter anderem – etwas strategielos Calanda Bräu schluckte und die Kredit gebenden Banken nervös wurden. So landete Calanda Haldengut, und mit ihr auch ich, wieder bei einer internationalen Corporation: Heineken.

Weitere zehn Jahre später schenkte ich mir zu meinem fünfzigsten Geburtstag die Selbständigkeit, blieb aber mit Haldengut und Bier in verschiedenster Weise verbunden. So auch mit diesem Buch. Ich hoffe, es macht nicht nur mir Freude, und danke allen Beteiligten herzlich.

Diese beiden Postkarten von 1926 symbolisieren den Stolz auf Tradition und Fortschritt der Brauerei Haldengut.

Zu Beginn des 20. Jahrhunderts waren noch bis zu 50 Pferde im täglichen Einsatz. Im Hintergrund sind die Stallungen zu sehen, die 1898 nach einem verheerenden Brand neu gebaut wurden und 1963 dem neuen Flaschengeschäft weichen mussten. Dies bedeutete das Ende der Nutzung eigener Pferde.

Das 1915 erbaute Torhaus und das ursprüngliche Wohngebäude aus dem Jahr 1817 flankieren die Einfahrt ins «Untere Geschäft» noch heute.

BRAUEREI HALDENGUT WINTERTHUR

Quellen

GESAMTBIBLIOGRAPHIE

Literatur

Bärtschi, Hans-Peter: Industriekultur in Winterthur. Zürich 2002.

Bärtschi, Hans-Peter: Haldengut Winterthur: Geschichte und Liegenschaften (Arias Industriekultur), Winterthur 2011.

Flutsch, Laurent; Lüdi, Heidi: Weinbau, in: Historisches Lexikon der Schweiz (HLS), Version vom 11.11.2014. Online: https://hls-dhs-dss.ch/de/articles/013937/2014-11-11/, abgerufen am 14.12.2023.

Haefelin, Jürg: Leonhard Zeugheer. Bauten und Projekte in Winterthur, Winterthur 1995.

Hauser, Peter: Das Brauereiwesen in Winterthur und Umgebung, in: Winterthurer Jahrbuch 1998, S. 152–157.

Hollenstein, Lorenz: Das Bier im frühmittelalterlichen Kloster St.Gallen, in: Bier in St.Gallen. 1250 Jahre St.Galler Brautradition. Von der Klosterbrauerei zum «Schützengarten», hg. von Théo Buff, Lorenz Hollenstein und Ernst Ziegler, St.Gallen 2004, S. 10–24.

Jedele Schudel, Markus: Phaeton. Fritz Schoellhorn Winterthur. Dokumentation Kutschensammlung Jedele. Winterthur 2013.

Knoepfli, Adrian: Vom Baumwollhandel zur Industrie – und zur Bildungsstadt, in: Winterthurer Stadtgeschichte, Band 2, Von 1850 bis zur Gegenwart, hg. von Erwin Eugster, Winterthur 2014, S. 163–266.

Merki, Christoph Maria: Der holprige Siegeszug des Automobils, 1895–1930: Zur Motorisierung des Strassenverkehrs in Frankreich, Deutschland und der Schweiz. Zürich 2002.

Noseda, Irma: Die Fotografendynastie Linck in Winterthur und Zürich. Zürich 1996.

Robert, Olivier: Bier, in: Historisches Lexikon der Schweiz (HLS), Version vom 08.10.2007, übersetzt aus dem Französischen. Online: https://hls-dhs-dss.ch/de/articles/013991/2007-10-08/, abgerufen am 14.12.2023.

Ruprecht, Heinz: Ferdinand Ernst (1819–1875), Johann Georg Schoellhorn (1837–1890), Fritz Schoellhorn (1863–1933). Brauerei Haldengut. Vom gewerblichen zum industriellen Brauen (Pioniere der Wirtschaft und Technik, 57), Glarus 1993.

Ruprecht, Heinz: 150 Jahre Haldengut, in: Winterthurer Jahrbuch 1994, S. 11–33.

Thöne, Karl: Schweizer Bierbuch, Zürich 1985.

Trechsel, Rolf: Abstinenzbewegung, in: Historisches Lexikon der Schweiz (HLS), Version vom 21.01.2015. Online: https://hls-dhs-dss.ch/de/articles/016445/2015-01-21/, abgerufen am 14.12.2023.

Troll, Johann Conrad: Geschichte der Stadt Winterthur, Winterthur 1848.

Widmer Sichler, Thomas: Die Familien Widmer – Sieber – Schoellhorn – Sträuli – Bachmann – Huber – Mazet/Buissière – Oechslin. Winterthur 2023.

Wiesmann, Matthias: Bier und wir. Geschichte der Brauereien und des Bierkonsums in der Schweiz, Baden 2011.

QUELLENVERZEICHNIS

Druckschriften

Jörgensen, Alfred; Hansen, Albert: Die Mikroorganismen der Gärungsindustrie. (Reprint der Ausgabe von 1886 bei inktank 2018).

Schoellhorn, F. Georg: Der Kundenschutzvertrag der schweizerischen Brauereien 1907–1910. Heidelberg 1915 (Dissertation).

Schoellhorn, Fritz: Die Brauerei Haldengut in Winterthur 1843–1918, Bd. 1–3, Winterthur 1919.

Schoellhorn, Fritz: Das Braugewerbe und die Brauereien des Kantons Zürich, Winterthur 1922.

Schoellhorn, Fritz: Bausteine zu einer Familiengeschichte, Einsiedeln 1923.

Schoellhorn, Fritz: Bibliographie des Brauwesens, Einsiedeln 1928.

Schoellhorn, Fritz: Das schweizerische Braugewerbe, St. Gallen 1929.

Schoellhorn, Fritz: Erste Jugend-, Schul- und Lehrjahre, 1930.

Archivalien

Stadtarchiv Winterthur, Firmenarchiv Brauerei Haldengut AG: Geschäftsarchiv.

Nr. 18 Pferderegister 1898–1904.
Nr. 19 Alte Pferde Kontrollkarten.
Nr. 21 Verzeichnis der angemeldeten Unfälle.
Nr. 22 Unfallverzeichnis 1900–1904.
Nr. 24 Verzeichnisse der Geschäftsbesuche – Besuchsbücher.
Nr. 24b Gäste-Buch der Brauerei Haldengut Winterthur.
Nr. 45 Protokolle der Sitzungen des Leitenden Ausschusses. 1889–1937.
Nr. 47 Protokoll der Arbeiterkommission 1902–1951.
Nr. 49 Vorschriften, Statuten, Reglemente.
Nr. 50 Geschäftsberichte 1889–1952.
Nr. 51 Zeitungsreklamen 1904–1950 mit Werbung für Haldengutbier.
Nr. 52 Protokolle der Arbeiterkommission 1892–1986.
Nr. 95 Denkschriften der Brauerei Haldengut: Kopierbuch.
Nr. 150 Angestellten-Essen.
Nr. 157f 50-Jahr-Jubiläum 1888–1938. Ansprachen etc.
Nr 157g Historische Darstellungen.
Nr. 162b An die Angestellten und Mitarbeiter der Brauerei Haldengut.
Nr. 162c Haldengut Post.
Nr. 162d Dr. Georg Schöllhorn: Ansprachen für Feste, Jubiläen etc.
Nr. 163a Ansprachen für Mitarbeiter-Essen von Georg Schöllhorn.
Nr. 163c Handschriftliche Entwürfe für Bierwerbung.
Nr. 163e Postkarten mit verschiedenen Motiven.
Nr. 164a Diverse Publikationen Sulzer.
Nr. 166k Versuch Dampfkesselanlage.

Archiv Direktionssekretariat

O.N. Villa dei Cipressi: Korrespondenz mit Stadtgärtner W. Schmid.

O.N. Villa dei Cipressi: Fotoalben.

Nr. 3 Wie lösen wir unsere Flaschenbierfragen? März 1906.

Nr. 130 Bierbrauerverein: Propagandakommission: Korrespondenz und Flugblätter.

Nr. 131a Bierbrauerverein: Contra Abstinenz: Presse und Flugblätter.

Nr. 131b Bierbrauerverein: Kampf gegen Abstinenz-Fanatik.

Nr. 131c Bierbrauerverein: Propaganda gegen das Münchner Bier.

Nr. 131d Bierbrauerverein: Propagandakommission: Presse und Korrespondenz.

Nr. 132 Bierbrauerverein: Propagandakommission.

Nr. 147 Schutzverband gegen die Übergriffe der Abstinenzbewegung: Korrespondenz und Presse.

Nr. 149 Bierbrauerverein: Flaschenpfand-Verträge.

Nr. 154 Verein von Brauereien des Kantons Zürich: Verträge.

Nr. 187 Des Herrn im Hause Standpunkt & das Mitspracherecht der Angestellten und Arbeiter.

Nr. 198 Loyale und illoyale Reklame.

Nr. 205 Surrogat Frage: Korrespondenz und Verträge.

Nr. 226 Jubiläumsfeier und 40 Dienstjahre FS.

Nr. 254 Zur Einführung bei Besichtigungen der Brauerei Haldengut.

Nr. 255 Angestellten-Essen der Brauerei Haldengut.

Nr. 256 Fritz Schoellhorn: Ansprache Angestellten-Essen.

Nr. 262 Fritz Schoellhorn: Die durstigen Eidgenossen.

Nr. 264 Fritz Schoellhorn: Zur Frage der Arbeitslosigkeit.

Nr. 266 Pro & Contra Automobil: Zeitungsartikel sowie Referat von FS.

Nr. 284 Gegen-Demonstration zur Anti-Alkohol-Ausstellung.

Nr. 285 Alkohol-Streit: Provokation durch Ankleben von Zetteln «Alkohol ist Gift».

Nr. 295 Maischefilter und Tilden-Mälzerei.

Nr. 297 Presse-Streit mit Dr. Prior (Kritik an Fritz Schoellhorns Vortrag über Maischefilter und Tildemälzerei): Korrespondenz und Zeitungsartikel.

Nr. 298 Beiträge zur Frage der Brauwasser-Enthärtung.

Nr. 323 Perplex. Alkoholfreies Bier.

Nr. 329 Fritz Schoellhorn: Die Hefezüchtung in der Brauerei, Vortrag, 1929.

Nr. 390 Anregungen der Angestellten und Arbeiter.

Nr. 391 Anregungen der Angestellten und Arbeiter, in: Obligatorische Anreg.

Nr. 396 Arbeiterfragen.

Nr. 402 Verse-Wettbewerbe.

Nr. 403 Verse-Wettbewerb I. 1931.

Nr. 404 Verse-Wettbewerb II 1931–1932.

Nr. 435 Perplex. Alkoholfreies Bier.

Technische Dossiers

Nr. 556 Ausbau Flaschengeschäft Novissima, 1928.

Kaufmännische Dossiers

Nr. 48 VI. Personelles: Tödlicher Unfall Huber A, 1922.

Nr. 49 VI. Personelles: Frieden, Gärtner verstorben 17. Mai 1922.

Nr. 52 VI. Personelles: Stelle-Ausschreibung einer Sekretärin, November 1925.

Nr. 53 VI. Personelles: Privatsekretärin Fräulein Dora Muggli, verstorben 24. März 1928.

Nr. 65 VII. Reklame: Plakat-Wettbewerb «Albanibräu», Oktober 1925.

Nr. 85 XI. Anlässe: Eidgenössisches Schützenfest Winterthur, 1895.

Nr. 90 XI. Anlässe: Besuch des Stadtrates, 1906.

Nr. 93 XI. Anlässe: Grosslogenfest, Juni 1907.

Nr. 110 XII. Weltkrieg 1914/1918: Obsttrocken-Anlagen und Obsttrocknerei.

Nr. 115 XII. Weltkrieg 1914/1918: Unterstützung während des Krieges, 1922.

Nr. 120 XIII. Allerlei: Unfreundlichkeiten der Behörden und Beschränkungen aller Art, 1905.

Nr. 157 XIII. Allerlei: Reisenden-Spesen, 1911/1916.

Nr. 161 XIII. Allerlei: Briefwechsel mit Stadtrat Freytag, Oktober 1930.

Nr. 170 XIII. Allerlei: Hyspa Bern, 1931.

Gelbe Dossiers

Nr. 36 Unfall Kind Krebs.

Nr. 46 Besuche von Vereinen.

Nr. 521 Zürcher Kantonalturnfest in Töss, Juli 1927.

Nr. 630 Anti-Alkohol-Bewegung in Winterthur, Antiprohibition 1900–1940.

Blaue Dossiers

Nr. 12 Einführung 48-Stundenwoche.

Nr. 12 Neues Fabrikgesetz.

Nr. 16 Diverse Auto-Unfälle und Sachschadenfälle.

Nr. 17 Streikerklärungen.

Nr. 17 Gründung Immobiliengenossenschaft Ceres, 1906.

Nr. 19 Arbeiterkommission.

Nr. 19 Tätigkeit der Konkurrenz.

Nr. 19 Zirkulare an die Kundschaft, 1916/26.

Nr. 19 Reisespesen, 1920/24.

Nr. 19 Personalbestand, 1918/26.

Nr. 20 Kriegsunterstützungen an Angestellte und Arbeiter, 1914/18.

Bildnachweis

Andreas Schoellhorn, Winterthur: Umschlag, S. 19 unten, 74, 142–143, 146 oben rechts, 147, 150–151.

Archiv für Zeitgeschichte (ETH Zürich): S. 34 unten, 47, 51 unten, 111 oben.

Claudia Wehrli: S. 102 oben, 146 oben links, 146 unten.

Deutsches Hopfenmuseum Wolnzach, Bayern: S. 26–27.

Fotoarchiv Brauerei Haldengut / Fotostiftung Schweiz: S. 6–7, 19 oben, 22, 23, 31 oben, 31 unten, 34 oben rechts, 62–63, 66–67, 70, 71 oben, 71 unten, 75 oben, 75 unten, 78, 79 oben, 79 unten, 82 oben, 82 unten, 83 oben, 83 unten, 86, 87, 90, 91, 94–95, 98 oben, 98 unten, 99 alle, 102 oben links, 102 oben rechts, 102 unten links, 102 unten rechts, 103, 107 unten, 110 oben, 110 unten, 111 unten, 118–119, 126, 127 oben, 127 unten, 137 oben, 137 unten, 138 oben, 138 unten, 154, 155.

Fritz Schoellhorn, Die Brauerei Haldengut in Winterthur 1843–1918, 1919: S. 58–59.

Fritz Schoellhorn, Das Braugewerbe und die Brauereien des Kantons Zürich, 1922: 18 unten.

Fritz Schoellhorn, Bausteine zu einer Familiengeschichte, 1923: S. 30 oben, 30 unten links, 35 unten.

Fritz Schoellhorn, Erste Jugend, Schul- und Lehrjahre, 1930: S. 30 unten rechts, 34 oben links.

Kt. Zürich, Amt für Raumentwicklung, Geoinformation: https://geo.zh.ch/maps?x=2697610&y=1262579&scale=10245&basemap=arelkbackgroundzh: S. 14–15, abgerufen am 01.10.2024.

Max Dalitzsch, Pflanzenbuch, Esslingen und München, 1900: S. 14 oben.

Privatbesitz Familie Schoellhorn: S. 38 oben links, 38 oben rechts, 38 unten, 39 oben links, 39 oben rechts, 42, 43, 46 unten, 54, 55, 58, 122 oben, 122 unten, 123, 131, 134–135.

Schweizerisches Sozialarchiv: S. 106 oben, 107 oben.

Stadtarchiv Winterthur: S. 46 unten, 50 oben, 50 unten, 51 oben, 106 unten, 114 oben, 114 unten, 118, 130 links, 130 rechts.

Stadtarchiv Zürich: https://www.stadt-zuerich.ch/portal/de/index/portraet_der_stadt_zuerich/digitale-zeitreise/politik.html: S. 115, abgerufen am 19.09.2024.

Thomas Widmer Sichler, Die Familien Widmer – Sieber – Schoellhorn – Sträuli – Bachmann – Huber – Mazet/Buissière – Oechslin, 2023: S. 35 oben.

Winterthurer Bibliotheken, Sammlung Winterthur: S. 10–11, 15 oben, 18 oben, 46 oben, 58, 66 oben, 67 oben.

Mitwirkende

Dominik Landwehr, Dr. phil, ist freischaffender Autor und schreibt für NZZ, Landbote, Landesmuseum-Blog und andere Publikationen. Er beschäftigt sich unter anderem mit Technikgeschichte und Kryptografie. www.sternenjaeger.ch

Kathrin Moeschlin, lic. phil., ist freischaffende Historikerin und wissenschaftliche Archivarin mit Sitz in Winterthur. Sie ist Autorin zahlreicher historischer Publikationen und Kuratorin mehrerer Ausstellungen zu kulturgeschichtlichen Themen. www.klio-geschichte.ch

Nadia Pettannice, M. A., ist freischaffende Historikerin und Mitarbeitende der Sammlung Winterthur. www.klio-geschichte.ch

Andreas Schoellhorn, lic. oec. HSG/MBA, Urenkel von Fritz Schoellhorn, arbeitete in der Informatik- und bei Haldengut in der Getränkebranche. Er ist engagiert in verschiedenen NGOs. andreas@schoellhorn.ch

Claudia Sedioli, lic. phil./MAS ZFH, Inhaberin www.sedioli-kommunikation.ch, leitet Publikationsprojekte und ist Moderatorin, Autorin und Texterin.

Claudia Wehrli ist freischaffende Grafikerin und gestaltet Print und Web. www.claudiawehrli.ch

Impressum

© 2024 Stadtbibliothek Winterthur
Neujahrsblatt, Band 362

Redaktion: Claudia Sedioli
Buchgestaltung, Bildredaktion: Claudia Wehrli
Lektorat: Rita Dari

Druck: Mattenbach AG, Winterthur

Verlag: Chronos, Zürich
ISBN: 978-3-0340-1788-6

Verzeichnis aller Neujahrsblätter der Stadtbibliothek Winterthur mit Bestellmöglichkeit: www.winbib.ch

Dank

Andreas Schoellhorn für das Kuratieren der Fotografien aus seinem Besitz, für aktuelle Fotografien und die finanzielle Unterstützung.

Dem Stadtarchiv Winterthur für die Unterstützung bei der Recherche im Firmenarchiv der Brauerei Haldengut AG.